근대

혁명은 왜 일어났을까?

민음 지식의 정원 서양사편

009

혁명은
왜 일어났을까?

양희영

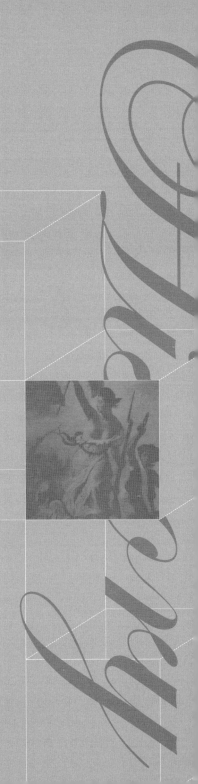

민음인

차례

근대 혁명은 왜 일어났을까?

이 책에서는 1789~1799년 프랑스 혁명, 유럽의 1848년 혁명, 1917년 러시아 혁명을 다룬다. 근대의 이 대표적인 세 혁명을 떠올리면 혁명은 먼지를 뒤집어쓴 유물처럼 보인다. 반면 '혁명'이라는 단어는 디지털 혁명, 녹색 혁명, 의식 혁명, 자기 혁명과 같이 '혁명적'이라는 일종의 관용어로서 단어가 담고 있는 역사적 내용은 털어 내고 단지 '중요하고 의미 있는 변화를 초래한 어떤 것'을 지칭하고 강조하는 상징이 된 듯하다. 이렇듯 확대된 용례는 이미 역사 서술에서 신석기 혁명, 농업 혁명, 산업 혁명 등의 예에서 찾아볼 수 있다.

그러나 이 책에서 다루는 정치 영역에서의 혁명, 즉 사전적 의미인 "비합법적인 수단으로 국체(國體) 또는 정체(政體)를 변혁하는 일" 또는 "헌법의 범위를 벗어나 국가 기초, 사회 제도, 경제 제도, 조직 따위를 근본적으로 고치는 일"로서의 혁명 역시 구시대의 유물이거나 낯선 것만은 아니다. 일례로 최근의 '재스민 혁명(Jasmin Revolution)'을 떠올릴 수 있다. 2010년 12월 북아프리카의 튀니지에서 한 과일 노점상 젊은이의 분신은 전국적인 반정부 시위에 불을 붙였고 결국 23년간 집권했던 벤 알리(Ben Ali) 대통령을 권좌에서 끌어내렸다. 이 혁명은 튀니지를 대표하는 꽃의 이름을 따 재스민 혁명으로 명명되었다. 혁명의 물결은 북아프리카와 아랍권 전역으로 확산되어 이집트에서는 무바라크(Hosni Mubarak) 대통령이 집권 30년 만에 물러났고, 리비아에서는 1969년 권좌에 올랐던 최고 지도자 카다피가 결국 비극적 최후를 맞았다. 이 세 나라 외에도 요르단과 시리아에서는 내각이 해산하거나 정권이 총사퇴했고 알제리, 이란, 이라크, 바레인, 오만, 예멘에서도 대규모 반정부 시위가 일어났다.

재스민 혁명과 거기서 촉발된 '아랍의 봄'이 혁명의 사전적 의미대로 "국체 또는 정체를 변혁"하고 "국가 기초, 사회 제도, 경제 제도를 근본적으로 고칠" 수 있을지, 어떤 방식으로 진행될지는 여전히 지켜봐야 할 일이다. 이 책에서 살펴볼 서양의 근대 혁명 역시 저마다 다른 경로로 다른 결과에 이르렀다. 그러나 아랍권의 변화는 정부의 무능과 부패, 경제 위기와 생활고 속에서 전횡적 통치의 객체로 간주되었던 다수의 국민이 기존 권력이 설정한 합법성의 테두리를 벗어나 집단 정치의 주체로 위력적인 모습을 드러냈다는 데서 근대 혁명과 동일한 양상을 보인다. 1989~1991년 동유럽의 탈공산주의 혁명에서도 같은 모습을 발견할 수 있다. 나아가 2008년 대한민국을 달군 촛불 시위나 금융 자본의 탐욕과 자본주의 경제의 양극화를 비난하는 월가 반대 시위(Occupy Wall Street) 역시 혁명의 모습을 띄고 있다. 따라서 혁명은 역사의 유물이 아니라 여전히 진행되고 있는 사건 또는 현상이라 할 수 있다. 그런 만큼 근대의 주요 세 혁명에 대한 이해는 역동적인 현재의 전 지구적 움직임과 그것이 가져올 미래의 변화를 이해하는 데 도움이 될 것이다.

이 책은 근대 혁명의 출발이라 할 프랑스 혁명에서 시작한다. 1789년 프랑스에서는 그동안 왕과 귀족들에게 머리를 조아려야 했던 보통 사람들이 대표를 선출해 의회를 구성하고 스스로 법을 제정하기 시작했다. 프랑스 전역에서 사람들은 자발적으로 모임을 만들어 정치와 사회, 자신들의 미래에 대해 토론했고 심지어 봉기를 일으켜 왕을 물러나게 하고 의회를 공격하기도 했다. 1789년에서 1799년에 이르는 10년간 프랑스인들은 신분에 상관없이 모든 인간이 자유롭고 평등하다고 선언했고, 중세의 잔재인 봉건제를 폐지했으며 프랑스 역사상 처음으로 공화정을 수립했다. 그러나 프랑스 혁명은 그 슬로건인 자유·평등·우애와는 어울리지 않는 다른 상징을 하나 가지고 있다. 그것은 다름 아닌 단두대(기요틴)이다. 단두대는 프랑스 혁명에 부여되는 역사적 중요성과는 별개로 혁명에 공포의 분위기를 덧입힌다. 자유·평등·우애는 단두대와 어떻게 양립할 수 있을까? 혁명기에 수많은 사람들이 단두대에서, 감옥에서, 전쟁터에서 목숨을 잃었다. 혁명이 선언한 빛나는 원칙들에도 불구하고 혁명의 특정 단계마다 이러저러한 범주의 사람들이 혁명의 혜택에서 배제되었다. 프랑스 혁명은 정말 자유·평등·우애의 혁명이었을까?

1848년은 혁명이 전 유럽을 휩쓴 해였다. 혁명의 물결은 프랑스에서 시작되어 유럽 전역으로 퍼져 나갔다. 그해 2월 프랑스에서는 1830년 7월 혁명으로 성립된 오를레앙 왕정(또는 7월 왕정)이 무너졌다. 3월에는 빈 체제의 종주국 오스트리아에서 혁명이 일어나 재상 메테르니히(Klemens Wenzel von Metternich, 1773~1859)가 실각했다. 독일에서도 혁명이 일어나 프랑크푸르트에서 국민의회가 소집되었다. 아직 통일을 이루지 못했던 이탈리아에서도 혁명이 폭발했고 특히 1848년 11월 로마에서 일어난 혁명으로 로마 공화국이 수립되었다. '혁명이 없는 나라' 영국도 중간 계급과 노동자들이 연대해 참정권 확대를 요구한 '차티즘 운동(Chartist Movement)'으로 준(準) 혁명 상태에 빠졌다. 1848년 혁명이 붕괴시킨 것은 1814년 나폴레옹(Napoléon Bonaparte, 1769~1821)의 몰락 후 수립된 유럽의 빈 체제였다. 빈 체제란 무엇일까? 빈 체제의 어떤 성격이 전 유럽적 혁명을 초래했을까? 혁명을 통해 유럽인들이 성취하고자 한 것은 무엇이었을까? 1848년 혁명 후 유럽 대부분의 나라에서 정부가 보수화하거나 혁명 전의 체제로 돌아갔다. 왜일까? 그렇다면 1848년 혁명은 실패한 혁명일까?

1917년 러시아에서 발발한 혁명은 앞에서 살펴본 프랑스 혁명이나 1848년 혁명과는 여러 모로 다른 혁명이었다. 러시아 혁명은 부르주아, 즉 시민층 또는 중간 계급이 주도한 혁명이 아니라 노동자와 농민의 혁명이었다. 차르(황제)의 전제정(專制政) 아래서 고통받던 노동자·농민의 불만과 욕구는 오랜 세월 사회의 변혁을 꿈꾸던 혁명가들의 주장 및 지도적 활동과 결합되었다. 러시아인들은 1905년에 이어 제2차 세계 대전이 한창이던 1917년 2월 다시 혁명을 일으켰지만, 궁극적으로 사회주의 사회 건설의 출발점이 된 것은 1917년 10월 혁명이었다. 왜 러시아의 구체제는 개혁을 통해 유지되지 못했을까? 왜 여러 차례의 혁명이 일어나야 했을까? 러시아의 혁명가들은 어떤 사람들이었고 그들의 이상은 무엇이었을까?
자본주의가 성숙하지 못한 사회에서 어떻게 사회주의 혁명이
성공할 수 있었을까?

1

프랑스 혁명은
왜 일어났을까?

- 프랑스의 구체제, 앙시앵 레짐이란 무엇일까?

- 제3신분이란 무엇일까?

- 재정 위기는 어떻게 혁명으로 이어졌을까?

프랑스의 구체제, 앙시앵 레짐이란 무엇일까?

 구체제, 프랑스어로 앙시앵 레짐(Ancien Régime)이라는 말은 프랑스 혁명과 함께 태어났다. 혁명가들은 혁명으로 수립될 새로운 사회와 대비해 앞선 사회를 구체제라고 지칭했다. 따라서 구체제는 혁명이 과거와의 단절임을 강조하려는 혁명가들의 발명품에 불과하다고 주장하는 역사가들도 있다. 그러나 혁명기 프랑스인들에게 구체제는 혁명 전 그들의 삶을 지배했던 명백한 실체였다. 그렇다면 이 실체의 내용은 무엇일까?

 첫째, 프랑스 농민 대다수는 봉건제의 영향 아래 살고 있었다. 물론 군사적 봉사와 봉토 수여를 매개로 한 기사 계급의 주종제(主從制)나 예속 농노의 노동력 제공을 내용으로 하는 중세적 의미의 봉건제는 혁명 전야에 존재하지 않았다. 프랑스 농민은 영주에 대한 예속에서 벗어난 자유로운 신분이었고 많은 수가 작은 규모나마 토지를 소유하고 있었다. 그러나 프랑스 농민은 토지를 소유했다 해도 여전히 영주에게 '봉건적 부과조'를 납부했다. 달리 말해 농민의 소유권이 불완전했다는 것이다. 봉건적 부과조는 수확의 3분의 1에서 20분의 1을 생산물 지대나 화폐 지대 형태로 납부하는 것이었다. 그 외에도 농민은 매매나 상속으로 소유권의 이전이 생겼을 때 영주에게 소유권 이전세를 납부했다. 농민은 국가에도 인두세(人頭稅)와 토지세인 타유(Taille)세를 납부하고 교회에는 십일조를 바쳤으므로 영주에게 내는 부과조는 매우 큰 부담이었다.

또 구체제에서 영주는 여러 지역에서 여전히 재판권을 행사했고, 수렵과 어로의 독점권, 비둘기장과 토끼장을 가질 수 있는 배타적 권리, 영주 소유의 제분기·포도 압축기·빵 굽는 솥을 농민에게 강제로 사용하게 하는 권리 등을 소유했다. 이 모든 영주의 권리는 지역에 따라 강도는 달랐지만 중세 봉건제 시절 영주에 대한 농민의 예속의 흔적을 담고 있는 것이었다. 실제로는 봉건제의 잔재라 할 이 흔적들을 농민들은 봉건제라 지칭했다. 하지만 봉건제하의 프랑스 농민이 다른 지역 농민에 비해 훨씬 고통스러운 상태였다고는 할 수 없다. 예를 들어 16세기 인클로저 운동(Enclosure Movement)으로 지주 귀족이 많은 토지를 독점한 영국에서 농민 다수는 땅을 소유하지 못한 농업 노동자에 불과했고, 동유럽 농민은 여전히 영주에게 몸이 예속되어 노동력을 바치는 농노 신분이었다. 반면 프랑스 농민은 자유로운 신분의 소토지 소유농으로서 유럽 다른 지역 농민보다 강한 자부심과 집단적 활력을 지니고 있었다. 이러한 프랑스 농민에게 혁명 직전의 봉건제는 오히려 그것이 '잔재'이기 때문에 더욱더 견딜 수 없는 멍에였다.

둘째 구체제 프랑스는 신분 사회였다. 즉 사회 구성원을 기도하는 사람(성직자), 싸우는 사람(기사), 일하는 사람(농노)으로 나누는 중세의 신분적 위계질서가 남아 있었다. 무력을 독점한 소수의 기사들이 귀족 신분을 이루어 사회를 지배하고 절대다수의 농민이 기사에게 종속된 농노로서 토지를 경작하던 봉건 사회의 위계질서가 수백 년의 시간이 흘러 사회가 크게 변화했음에도 불구하고 여전히 사회의 조직 원리로 작동하고 있었다.

제1신분과 제2신분은 여전히 특권층이었다. 제1신분인 성직자는 약 18만 명으로 2800만에 이르는 전체 인구의 1퍼센트도 되지 않았다. 그러나 제1신분은 프랑스 전체 토지의 10

퍼센트를 소유한 대지주였고, 막대한 십일조 수입과 토지 재산에도 불구하고 세금을 내지 않는 특권층이었다. 성직자는 프랑스인의 종교 생활을 지배하는 외에도 호적 업무, 교육, 빈민 구제 사업을 독점하고 언론을 통제하고 출판물을 검열하는 등 중요한 사회적 역할을 담당했다. 그러나 제1신분의 출신은 단일하지 않았다. 대주교와 주교, 수도원장, 참사회원 등 고위 성직자는 대부분 귀족 출신이었고 본당 사제와 보좌 신부 등 하급 성직자는 모두 평민 출신으로 양자의 지위와 수입은 매우 불균등했다. 따라서 하급 성직자들은 혁명이 시작되기 전부터 교회에 불만을 품고 있었다. 그들은 부당한 수입 격차와 주교의 전제적 권위에 항의하고 고위 성직자와 하급 성직자가 같은 권위를 갖고 함께 교회를 지도할 것을 요구했다.

제2신분인 귀족은 40만 명 정도로 전국 토지의 20~25퍼센트를 소유했다. 귀족들은 칼을 찰 권리, 교회에 특별석을 가질 권리 등 명예와 관련된 특권을 누렸고 군대, 교회, 재판소의 고위직을 독점했다. 게다가 귀족은 부동산세인 타유세, 부역(국왕에 대한 노동력 제공), 군인의 숙박 의무를 면제받았다. 귀족들 중에는 기원이 중세까지 거슬러 올라가는 혈통 귀족 또는 '대검(帶劍, 칼을 찼다는 의미) 귀족'도 있었지만 많은 수는 고등법원 판사들인 '법복 귀족'이나 시 행정관인 '종루 귀족'처럼 국왕에 봉사한 대가로, 또는 관직 매매를 통해 귀족이 되었다. 고등법원은 구체제 프랑스의 최고 법원으로 혁명 전야에 열네 개 도시에 수립되어 있었다. 매우 부유한 평민들은 이 고등법원의 판사직을 구입하여 일정 기간 복무한 후 귀족이 될 수 있었다. 그러나 귀족의 작위를 가져다주는 관직은 제한적이고 그 값이 매우 비쌌으므로 관직 매매를 통한 작위 획득은 오히려 신분제의 불합리함을 부각시키고 그에 대한 불만을 격화시켰다.

특권층인 이들 제1, 2신분을 제외한 모든 프랑스인이 제3신분이었다. 따라서 제3신분은 금융업자, 대상인, 매뉴팩처(Manufacture)[1] 경영자, 징세 청부인과 같은 가장 부유한 상층 부르주아지로부터 신흥 상공업자, 법률가, 의사, 교수, 문인, 수공업 장인[2], 소상점주 등의 중간 부르주아지, 장인의 작업장에서 일하는 직인과 도제, 점원, 노동자, 농민에 이르기까지 매우 다양한 사회 집단을 포함했다. 그중에서도 가장 중

---

1) 공장의 초기 형태로 기계가 도입되지 않은 상태에서 수공업 노동자들이 분업과 협업으로 작업했다.
2) 특정 도시의 수공업 조합에 가입하여 독립적인 작업장을 소유하고 제품을 생산하는 수공업자.

요한 것은 부르주아지였다. 부르주아지란 중세 성곽 도시 부르구스(Burgus, 프랑스어로는 부르(Bourg))의 주민을 지칭하던 부르주아(Bourgeois)의 집합 명사이다. 중세에 부르주아는 수공업이나 상업에 종사하는 사람으로 흔히 상인과 동일시되었다. 그러나 14~15세기 이래 부르주아는 재산 관리, 상업, 재정, 행정, 사법 등 다양한 분야의 직업 활동에 종사하는 평민을 포괄하게 되었다. 특히 부르주아는 루이 14세(Louis XIV, 1638~1715, 재위 1643~1715) 치세에 다방면에서 국가에 봉사하며 귀족과 경쟁할 만한 지위에 올랐다. 이들 중 많은 수는 구체제의 신분 질서와 경제 제도가 자신들의 직업 활동과 사회적 진출을 가로막는 장벽이라고 여겼다. 또한 제3신분만이 세금, 부역, 병역 등을 부담하고 특히 사회적 역할에 걸맞은 정치적 권리를 갖지 못하는 데 불만을 품었다. 이러한 불만은 18세기 후반 귀족들이 관직을 독점하고 봉건적 권리를 강화하려고 시도하면서 더욱 격화되었다.

구체제 신분 사회의 정점에는 국왕이 있었다. 이 시기의 정치 체제는 후대에 '절대주의'라고 지칭되었는데, 그것은 당대의 용어에 따르면 '절대자 국왕'이 '절대 권력'을 소유하고 있었기 때문이었다. 구체제 이전 중세 사회에서는 정치권력이 분산되어 국왕은 칭호만 있을 뿐 실제로는 개별 영지에서 행정, 사법, 징세, 군사 등 통치의 실권을 행사하는 봉건 제후와 크게 다르지 않은 존재였다. 그러나 절대주의 시대에 국왕은 국민의 관리자이자 신의 대리인으로 군림했다. 국왕은 사법권, 행정권, 입법의 기원이었다. 국왕은 왕국의 모든 재판에 관여할 수 있었고, 왕국 내의 모든 일에 대해 통치권을 지니고 있었으며 살아 있는 법률이었다. 국왕의 절대권은 국왕의 권력은 신이 주셨고 따라서 국왕은 지상에서 신의 대리인이라고 하는 '왕권신수설(王權神授說)'에 의해 뒷받침되었다. 이러한 왕권신수설에 따르면 국왕은 오직 신 앞에서만 책임을 지며 국왕에 대한 불복종은 곧 신에 대한 반역이었다. 반면 왕권의 과도한 강화로 귀족이 국정에서 배제되는 것을 우려한 귀족은 절대주의 체제를 '국왕 전제정'이라고 비난했다.

그러나 절대주의가 곧 국왕의 전제정은 아니었다. 고등법원은 법률의 '등기권'과 등기를 거부하고 그 이유를 제시하는 '간주권'을 통해 정치적 역할을 수행했다. 지방의 자치권이 쇠퇴하는 과정 속에서도 지방의 자유와 특권의 수호자로 자처하며 행정과 재정에 대한 감독권을 행사하는 지방 삼부회가 구체제 말까지 여러 지역에 존속했다. 무엇보다 절대 왕정은 신분제의 토대 위에 구축된 정치 제체로서 국왕은 신분 사회와 특권의 보증인이자 조정자였다. 국왕은 특권층을 신하로

복속시키고 견제·감시하면서도 각종 사회·경제적 혜택을 누리는 지배층으로서의 지위를 존속시켰다. 그리고 그러한 특권층의 협조를 통해 전체 신민을 지배하고 통제할 수 있었다. 바로 이러한 이유로 절대 왕정은 왕권을 중심으로 국가를 통일하고 중앙 집권화를 이루면서도 내부적으로 실질적인 국민 통합은 이룰 수 없었다.

제3신분이란 무엇일까?

삼부회 소집에 대한 기대로 프랑스 전체가 술렁이던 1789년 초, 혁명의 주요 이론가 중 하나가 될 시에예스 신부(abbé Sieyès, 1748~1836)는 중요한 소책자 하나를 발표했다. 혁명의 진행에 심대한 영향을 미칠 이 소책자의 제목은 『제3신분이란 무엇인가(*Qu'est ce que le Tiers État*)』였다. 시에예스는 이 질문에 대해 제3신분은 '모든 것'이라고 답했다. 이어 그는 다음과 같이 묻고 답했다.

"지금까지 정치에서 제3신분은 무엇이었나? 아무것도 아니었다. 그렇다면 무엇을 요구하는가? 무엇인가가 되기를."

시에예스의 문답은 제3신분이 왜 그리고 어떻게 혁명의 주역이 되었는가를 명료하게 보여 준다. 이 문답에서처럼 제3신분은 사회를 유지하기 위한 모든 노동을 담당하고 군사, 법률, 종교, 행정 등 대부분의 공적 기능을 수행했다. 그러나 제3신분은 특권층이 꺼리는 힘들고 고된 모든 역무를 도맡아 한반면 높은 수입과 명예가 뒤따르는 지위는 모두 특권 신분이 차지했다. 그에 따라 시에예스는 제3신분을 "족쇄에 매여 억압당하는 전체"라고 정의하고 특권 신분이 폐지되면 제3신분은 "자유롭고 번영하는 전체"가 될 것이라고 주장했다. 시에예스의 글에서처럼 1789년에 제3신분은 신분제의 질곡에서 벗어난 해방된 국민의 동의어가 되었다.

실제 구체제 말기에 특권층은 국가, 교회, 군대의 모든 고위직을 독점하려고 애썼다. 절대 왕정의 전성기였던 루이 14세 시기에 여러 명의 상업 부르주아지와 법복 부르주아지가 대신에 등용되었던 반면, 루이 14세가 사망한 1714년에서 1789년까지 귀족 작위가 없는 대신(大臣)은 단 세 명에 불과했다. 혁명 직전 일곱 명의 대신은 은행가 출신인 네케르(Jacques Necker, 1732~1804)를 제외하고 모두 귀족이었다. 부유한 평민이 귀족이 되는 좁은 문 중 하나였던 고등법원 판사직도 구체제 말에는 주로 귀족들이 구매했다. 대주교, 주교, 수도원장, 성당 참사회원 같은 고위 성직 역시 귀족이 독점하여 1789년 139명의 주교 중 평민 출신은 단 한 명뿐이었다. 군대에서도 상황은 유사하여 1781년, 4대에 걸쳐 귀족 혈통임이 입증된 사람만이 장교가 될 수 있다는 칙령이 발표되었다.

이러한 '특권층의 반동' 또는 '봉건 반동'은 농촌에서도 나타났다. 농민들은 영주의 부과조 징수를 수탈로 여겨 불만을 품었으나 수입의 많은 부분을 부과조에 의지하고 있던 귀족들은 토지 대장을 재확인하고 갱신하여 더욱 철저히 부과조를 징수하려 했다. 또한 전통적으로 촌락 공동체에 속하여 농민이 함께 사용하던 공유지를 자기 것으로 만들거나 공유지에서의 가축 방목권을 독점하려 했다.

시에예스는 바로 이런 상황을 이유로 특권층을 "전체 국민 안의 독립적인 다른 국민," "제국 안의 또 다른 제국"으로 비난했다. 나아가 제3신분은 그 자체로 완벽한 하나의 국민을 구성하고 제3신분이 아닌 모든 것은 국민으로 간주될 수 없다고 주장했다. 삼부회(États généraux, 三部會)[3]가 소집된 후 제3신분 대표들이 신분 구분 없는 통합 회의를 요구하고 그것

---

3) 성직자, 귀족, 평민 출신 의원으로 구성된 프랑스의 신분제 의회. 1302년에 창설되어 절대 왕정의 확립에 따라 1614년 이후 소집되지 않았다. 1789년에 재개되었으나, 토의와 표결 형식을 둘러싸고 분규가 일어나 프랑스 혁명의 실마리가 되었다.

을 거부하는 특권층에 맞서 제3신분 회의가 곧 '국민의회'라고 주장했을 때 그들은 바로 시에예스의 논리를 실천에 옮기고 있었다.

이처럼 삼부회 소집을 전후하여 제3신분은 국민의 동의어가 되었지만, 제3신분은 결코 단일한 집단이 아니었다. 제3신분은 재산 정도, 직업, 이해관계, 생활 방식이 매우 다른 수많은 이질적인 집단으로 이루어져 있었다. 게다가 특권층과 제3신분 사이가 그런 것처럼, 제3신분 내부에도 위계가 존재했다. 예를 들어 사법과 재무 관직 보유자들은 대학교수, 변호사, 의사보다, 그리고 후자는 상인보다 우위에 있었고, 상인은 수공업 장인보다, 수공업 장인은 농민보다 우위에 있었다. 이들 직능은 일종의 품계에 따라 위계를 이루고 있었고 이들 아래에 수많은 무산대중(無産大衆)이 있었다.

그런가 하면 17세기 초에 법률가 루아조(Charles Loyseau, 1564~1627)는 문필가, 재정가, 판사, 변호사, 법률을 직업으로 하는 모든 사람, 그리고 상인을 "부르주아라 불리고 제3신분을 구성하는 사람들"이라고 지칭하고 이들을 "비천한 사람들", "어리석은 인민"과 구분했다. 1789년 초에 시에예스가 제3신분은 모든 것이고 이제 "무엇인가가 되기를" 원한다고 했을 때 그 제3신분은 사실상 부르주아를 암시하는 것이었다.

따라서 1789년 혁명으로 신분제와 특권이 폐지되면 특권층에 맞서 제3신분을 결속시켰던 유대는 사라지고 제3신분 내 명사층과 민중 계급의 차이와 분열이 드러나게 될 것이었다.

재정 위기는 어떻게 혁명으로 이어졌을까?

프랑스 혁명의 직접적 원인은 재정 위기였다. 재정 적자는 프랑스 군주정의 고질적인 문제였지만 18세기 중엽 이후 지출이 급증하고 특히 미국 독립 전쟁에 참전하면서 한층 악화되었다. 1788년 프랑스의 국고 회계 보고서에 따르면 수입은 5억 300만 리브르인데 반해 지출은 6억 2900만 리브르로서 적자가 1억 2600만 리브르에 달했다. 그에 따라 보고서는 1억 3600만 리브르의 공채 발행을 예상했다.

이런 재정 적자의 원인은 무엇이었을까? 당대인들은 궁정의 사치와 낭비, 국왕이 특권층에게 제공하는 연금을 지적하면서 재정 위기의 책임을 왕실에 돌렸다. 실제 왕실과 특권층에 지불되는 비용은 3600만 리브르로, 전체 지출의 6퍼센트를 차지했을 뿐이다. 지출에서 가장 큰 비중을 차지한 것은 '부채'로, 채무 변제는 재정 지출의 약 절반을 차지했다. 이는 부채 원금이 40억 리브르를 넘은 탓이었다. 부채는 루이 16세(Louis XVI, 1754~1793, 재위 1774~1792) 재위 15년 동안 세 배로 증가했다. 다음으로 높은 비중을 차지한 것은 군사 비용으로 총지출의 약 26퍼센트에 해당하는 1억 6500만 리브르에 달했다. 강력하고 위신 있는 중앙 집권적 통일 국가를 지향하는 절대주의 국가는 속성상 빈번히 전쟁을 치렀다. 그에 따라 전쟁 비용과 전쟁 준비 비용은 구체제 동안 지속적으로 증가하여 부채 누적의 중요한 요인이 되었다. 그 외에 행정 비용이 약 23퍼센트를 차지했고, 교육과 빈민 구제에는 단 2퍼센트에 해당되는 1200만 리브르가 할당되었다.

이러한 지출을 감당할 국왕의 주요 수입은 물론 세수입이었다. 세수는 직접세, 간접세, 성직자와 지방 삼부회 등이 제공하는 보조금으로 이루어졌다. 직접세로는 타유세, 20분의 1세, 인두세가 있었다. 원칙적으로는 타유세만이 귀족에게 면제될 뿐, 인두세는 평민과 귀족 구분 없이 모든 납세자를 22등급으로 나누어 등급에 따라 동일하게 부과되는 세금이었고, 20분의 1세는 토지, 건물, 공채, 지대, 봉건적 부과조, 관직 등으로부터 나오는 수입에 대해 20분의 1씩을 부과하는 것이었다. 그러나 인두세와 20분의 1세 역시 귀족은 이러저러한 방식으로 빠져나갔고 결국 대부분의 세금을 제3신분이 부담하고 있었다. 성직자는 세금을 면제받는 대신 정기적으로 자발적인 공납금을 납부했다.

간접세로는 포도주와 주정(酒精)에 부과되는 보조세, 국경을 넘거나 지방 사이를 이동하는 상품에 매겨지는 거래세, 그리고 소금세가 있었다. 직접세에 이들 간접세, 그리고 국왕 명의의 영지 수입, 기부금, 기타 수입을 합해도 1788년의 총 수입은 지출에 비해 턱없이 부족했다. 그래서 구체제 시기에 국왕들은 재정 적자를 메우기 위해 임시방편들을 이용했다. 관직 매각, 지위와 직위에 따라 국고에 일정액의 헌금을 납부하도록 강요하는 강제 공채, 신규 공채 매각 등이 그것이었다. 그러나 루이 16세 치하에서는 이러한 임시방편들조차 한계에 도달해 있었다.

이러한 상황에서 재정 위기의 유일한 해결책은 '조세 앞에서 만인의 평등', 다시 말해 면세 특권을 누리는 특권층에게 세금을 부과하는 것이었다. 루이 16세가 지명한 재무 대신들, 즉 튀르고(Anne Robert Jacques Turgot, 1727~1781), 칼론(Charles Alexandre de Calonne, 1734~1802), 로메니 드 브리엔(Étienne-Charles de Loménie de Brienne, 1727~1794)이 이를 시도했다. 1786년 칼론은 세제, 경제, 행정을 포괄하는 방대한 개혁안을 국왕에게 제출했다. 먼저 칼론은 적자를 없애기 위해 면세 특권이나 신분의 차별 없이 모든 토지 소유자가 납부하는 '보조지세(輔助地稅, Subvention Territoriale)'를 건의했다. 경제적 측면에서 칼론은 곡물 거래의 자유, 국내 관세 폐지와 그에 따른 국내 시장 통합, 생산자에게 부담이 되는 여러 세금 폐지를 계획했다. 또한 지방 의회의 구성과 토지 소유에 입각한 재산 제한 선거제 실시도 개혁안에 포함되었다. 이어 칼론은 개혁안을 통과시키기 위해 왕의 인척, 대지주, 고위 성직자, 고위 관리 등 144명으로 이루어진 명사회에 개혁안을 제출했다. 그러나 명사회는 칼론의 개혁안을 완강히 거부했고, 칼론은 1787년 4월 해임되었다. 칼론의 뒤를 이은 로메니 드 브리엔은 전임자의 개혁안을 다시 제출했고, 명사회는 자신들이 과세 동의권을 가지고 있지 않다고 선언했다.

이어 특권층의 아성인 고등법원은 보조지세를 부과하는 왕의 칙령에 대한 등기를 거부했다. 구체제하에서는 최고 법원인 고등법원이 법령을 등기해야만 그 법령이 효력을 발휘할 수 있었다. 고등법원은 삼부회만이 새로운 세금을 부과할 수 있다고 주장하면서 삼부회 소집을 요구했다. 국왕과 국왕 정부는 강제로 칙령을 등기하고 고등법원의 저항을 분쇄하기 위해 최고 법원을 재조직하는 사법 개혁을 단행했다. 그러나 특권층의 완강한 저항 앞에 국왕은 물러설 수밖에 없었다. 특권층은 국왕의 개혁안을 거부하면서 스스로 국민의 대표이자 기본법의 수호자로 자처했다. 또한 특권층은 새로운 세금을 부과하고 고등법원을 탄압하는 국왕 정부를 '전제정'이라 비난하고 국민의 자유와 기본권을 내세웠다. 그러나 특권층의 의도는 국가의 재정 위기를 이용하여 왕권을 제약하고 절대주의 시기 이전에 누렸던 귀족의 권력을 회복하여 귀족 정치를 실현하는 것이었다. 이때의 특권층은 자신들의 특권과 신분제 자체가 왕권에 의해 보장되는 것이고 그런 만큼 왕권에 대한 공격은 특권적 신분 사회에 대한 공격이기도 하다는 사실을 망각하고 있었다. 게다가 그들은 구체제하에서의 사회·경제적 변화와 그에 따른 제3신분, 특히 부르주아지의 성장과 정치적 야심이라는 결정적 변수를 파악하지 못한 탓에 혁명이 시작된 후 그 대가를 치르게 될 것이었다.

2

프랑스 혁명은
어떻게 진행되었고
무엇을 이루었을까?

– 프랑스 혁명의 출발점은 삼부회 소집일까, 바스티유 함락일까?

– 제헌의회는 무엇을 개혁했을까?

– 혁명은 어떻게 급진화했을까?

– 프랑스 혁명기의 민중, 상퀼로트란 누구일까?

– 공포정치란 무엇일까?

– 나폴레옹 보나파르트는 어떻게 혁명을 종결지었을까?

– 프랑스 혁명은 무엇을 성취했을까?

프랑스 혁명의 출발점은 삼부회 소집일까, 바스티유 함락일까?

1788년 8월 8일 국왕은 다음해 5월 1일에 삼부회를 소집하겠다고 약속했다. 삼부회는 구체제에서 국왕이 신민을 불러모아 국가의 중대사를 의논하던 신분제 회의였다. 국왕은 주로 국가의 재정 위기 타개를 목적으로 새로운 세금을 부과하고자 할 때 그 과세의 정당성을 인정받기 위해 삼부회를 소집했다. 따라서 과세에 대한 동의는 삼부회의 주요 기능이자 권리였다. 동시에 삼부회에 모인 신분별 대표들은 진정서를 작성해 국정에 대한 불만을 토로하고 시정을 요구했다. 그러나 삼부회는 오늘날의 의회와는 달리 국왕의 필요와 의지에 종속된 매우 불안정한 제도로서 1614년 어린 루이 13세(Louis

XIII, 1601~1643, 재위 1610~1643)의 모후 마리 드 메디치(Marie de Médicis, 1573~1642)가 소집한 이후 한 번도 소집된 적이 없었다. 결국 혁명은 잊혔던 옛 전통을 되살려 내는 것으로 시작된 셈이었다.

국왕이 삼부회 소집을 약속한 날로부터 얼마 지나지 않은 9월 21일, 파리 고등법원은 삼부회가 1614년의 절차에 따라 정기적으로 소집되고 구성될 것이라고 발표했다. 이것은 삼부회에 모인 각 신분 대표들이 신분별로 회합하여 신분별로 표결해야 함을 의미했다. 고등법원의 발표는 삼부회에서 두 신분별 회의, 즉 제1신분 회의와 제2신분 회의를 구성하는 특권층이 삼부회의 의사 결정 과정을 주도하겠다는 의도를 드러낸 것이었다. 이 발표 후 제3신분은 특권층의 지배에서 벗어나 삼부회에서 스스로 개혁을 주도하기 위해 '제3신분 대표 수의 배가'와 '머릿수 표결'을 요구하는 운동을 벌였다. 정부는 이 요구를 받아들여 제3신분 대표의 수를 두 배로 늘리겠다고 공표했지만, '머릿수 표결'은 인정하지 않았다. 제3신분 대표를 두 배로 늘려 제1신분 대표와 제2신분 대표를 합한 수와 같아진다 해도 신분별 표결을 하면 특권층 대 제3신분은 여전히 2대 1이었다. 따라서 특권층에 대한 과세안은 2대 1로 부결될 수밖에 없는 구도였다. 제3신분 대표 수의 배가가 의

미를 가지려면 머릿수 표결이 인정되어야 했다.

그러나 이 문제는 해결되지 않은 채 1789년 초부터 삼부
회 선거가 진행되었다. 세 신분이 신분별로 대표를 선출했지
만, 25세 이상 직접세를 납부하는 남성은 하인을 제외하면 모
두 선거에 참여할 수 있었으므로 삼부회 선거는 실제 성인 남
성의 보통 선거에 가까웠다. 하인은 직접세를 내더라도 주인
의 의지에 종속되어 독립적이지 못한 사람으로 간주되었으므
로 선거권을 얻지 못했다. 옛 행정 구역인 바이야주(Bailliage,
북부 프랑스)와 세네쇼세(Sénéchaussée, 남부 프랑스)가 선거구
가 되었다. 귀족과 성직자는 선거구에서 직접 대표를 선출했
지만, 인구가 훨씬 많은 제3신분은 다소 복잡한 과정을 거쳐
대표를 선출했다. 즉 제3신분은 소속된 동업 조합이나 단체별
로, 소속이 없는 사람은 그들끼리 따로 회합하여 100명 가운
데서 1~2명을 뽑는 꼴로 대표를 선출했다. 선출된 이들은 다
시 모여 도시 대표를 선출했다. 농촌에서는 소교구(Paroisse)
별로 회합하여 200가구당 2명꼴로 대표를 선출했다. 여러 도
시 대표와 농촌 소교구 대표는 바이야주나 세네쇼세 중심 도
시에 모여 그 선거구의 최종 대표단을 선출했다. 하지만 농촌
대표는 선거구 대표 선출에서 대부분 탈락했다.

한편 대표를 선출하는 각 단계마다 모든 선거인단은 불만

과 탄원을 담은 진정서를 작성했다. 따라서 동업 조합, 도시, 소교구가 저마다 진정서를 작성했고, 바이야주와 세네쇼세가 이것들을 총괄한 대표 진정서를 작성하여 국왕에게 제출했다. 현재까지 남아 있는 약 6만 통의 진정서는 19세기의 역사가 토크빌(Alexis de Tocqueville, 1805~1859)이 "구체제 사회의 유언장"이라고 표현했을 만큼 구체제 말 프랑스인들의 희망과 불만을 생생하게 전해 준다.

세 신분의 진정서는 절대 왕권에 반대한다는 점에서 의견 일치를 보였다. 진정서들은 왕권의 제한, 국민의 입법권, 대의 기구의 창설을 요구했다. 또한 대부분 개인의 안전과 자유, 소유권의 보호, 출판과 언론의 자유, 세제 개혁, 개인의 권리를 보호하기 위한 형법과 사법 개혁 등을 요구했다. 이러한 요구는 이후 발표된 '인권 선언'이나 제헌의회의 개혁 안에서 그 자취를 발견할 수 있다. 그러나 귀족의 진정서는 개인의 자유와 조세의 평등을 인정하면서도 사회의 위계질서를 옹호하는 모순된 태도를 보였다. 사제들의 진정서는 제3신분의 요구를 지지하면서도 신앙과 사상의 자유를 우려했다. 제3신분 진정서는 특히 하위 수준 진정서의 경우 조합이나 단체, 지방의 특성을 개성 있게 드러내기도 했다. 예를 들어 어떤 도시의 진정서는 수공업 장인의 폐쇄적인 동업 조합의 보존은 요구하면서 장인에게 고용된 직인들의 조합은 금지할 것을 요구했다. 또 어떤 진정서는 도시와 지방의 전통적 특권 보존을 내세워 '특권층의 요새' 고등법원을 계속 보유하게 해 달라고 요구했다.

마침내 1789년 5월 5일 베르사유에서 삼부회가 성대하게 개회했다. 개회 다음 날부터 제3신분 대표들은 신분별 회의에 반대하고 신분 구별을 뛰어넘는 통합 회의와 머릿수에 따른 표결을 요구했다. 귀족이 이 요구를 완강히 거부하자 제3신분 대표들은 6월 17일 스스로 '평민부'라는 명칭을 버리고 '국민의회'라는 명칭을 채택했다. 이는 제3신분 대표로 삼부회에 진출한, 『제3신분이란 무엇인가』의 저자 시에예스의 적극적인 제안을 받아들인 것이었다. 이에 정부는 제3신분 회의장을 폐쇄했다. 그러자 제3신분 대표들은 인근의 테니스 코트로 장소를 옮겼고, 그곳에서 "헌법이 제정되어 확고한 토대 위에 설 때까지 결코 해산하지 않을 것"이라고 선언했다. 6월 22일에서 24일 사이에 성직자 대표 대부분이 국민의회에 합류했다. 이는 성직자 대표 중 3분의 2가 하급 성직자였고 46명에 불과했던 주교 중에도 개혁을 지지하는 이가 다수였기에 가능했다. 6월 25일에는 자유주의를 옹호하는 귀족 47명이 국민의회에 합류했다. 결국 6월 27일 국왕은 뒤로 물러섰고 나머지 성직자와 귀족에게 국민의회에 합류할 것을 명령했다. 이어 7월 7일 국민의회 안에 '제헌 위원회'가 구성되었고, 7월 9일 국민의회는 스스로 '제헌 국민의회'라고 선언했다. 새로운 세금의 부과라는 한정된 목적으로 소집된 신분별 회의인 삼부회가 국왕과 특권층의 의지를 뛰어넘어 신분별 구분을 해체한 명실상부한 국민의 대표체가 되었던 것이다.

　제헌 국민의회의 구성은 그 자체로 진정한 혁명이었다. 그러므로 삼부회 소집은 혁명의 출발점으로 인정받을 수 있다. 그러나 이때까지도 국민의회의 운명은 불확실했다. 국왕은 국민의회를 해산할 작정으로 7월 초에 외국인 연대로 이루어진 약 2만의 병력을 파리와 베르사유 인근으로 불러들였다. 파리 민중은 1788년 흉작 이후 격화되던 곡물 부족과 물가고를 특권층의 음모 때문이라 믿고 격앙되어 있었다. 그런 상황에서 배치된 군대는 파리 민중의 불안과 분노를 더욱 자극했다. 게다가 7월 12일 네케르의 해임 소식이 알려지자 곧 걷잡을 수 없이 시위가 확산되었다. 이미 그날 튈르리(Tuileries)궁에서 왕비 마리 앙투아네트(Marie-Antoinette d'Autriche, 1755~1793)의 친척인 랑베스크 공이 이끄는 근위대가 시위대를 향해 발포하는 사건이 벌어졌다. 시위는 곧 봉기로 바뀌었다. 14일 군중들은 군인 병원(Invalides)에서 3만 2000정의 소총을 탈취한 후 바스티유(Bastille)로 향했다. 군중 100여 명이 사망한 전투 끝에 바스티유는 함락되었고, 수비대 사령관은 살해되었다.

바스티유는 14세기에 건설된 요새로 구체제에서는 정치범을 가두는 감옥으로 이용되었다. 계몽사상가 볼테르(Voltaire, 1694~1778), 디드로(Denis Diderot, 1713~1784), 미래의 지롱드파 혁명가 브리소(Jacques Pierre Brissot (de Warville), 1754~1793)도 이곳에 수감된 적이 있었다. 그러나 파리 군중이 바스티유를 공격한 것은 그곳이 전제정의 상징이어서가 아니라 그곳에 보관된 화약을 찾기 위해서였다. 또 함락 당시 갇혀 있던 여덟 명의 죄수는 정치범이 아니라 가족의 요청에 따라 수감된 광인이나 방탕한 자, 일반 범죄자였다. 그러나 바스티유 함락은 곧 민중이 스스로의 힘으로 구체제를 파괴하고 국민의 대표체를 보호하는 정치 주체로 나서게 된 사건으로 민중의 기억 속에 자리 잡게 되었다. 실제로도 바스티유 함락은 국민의회가 얻어 낼 수 없었던 양보를 국왕으로부터 받아 냈다. 7월 15일 국왕은 국민의회에서 군대 철수를 발표하고 다음 날 네케르를 다시 불러들였다. 17일에는 직접 파리로 와 파리 군중의 환호 속에 파리 시장 바이이(Jean Sylvain Bailly, 1736~1793)로부터 혁명의 상징인 삼색 모장(帽章)을 전달받았다. 이로써 국왕은 국왕과 특권층에 대한 강력한 경고였던 군중의 행동을 용인한 셈이었다. 또한 국민의회는 바스티유 함락을 통해 국왕과 특권층의 위협에 맞설 굳건한 토대를 얻었다. 그런 점에서 바스티유 함락은 프랑스 혁명의 또 다른 출발점, 나아가 진정한 출발점이었다.

제헌의회는 무엇을 개혁했을까?

1789년 여름 도시 민중과 함께 농민이 혁명의 또 다른 주체로서 모습을 드러냈다. 1789년 6월과 7월 프랑스 거의 전역에서 농민 반란이 일어났다. 농민 반란의 원인은 이른바 '대공포(大恐怖, Grande Peur)'였다. 귀족들이 반혁명 음모를 꾸민다는 소식과 함께 비적 떼가 출몰한다는 소문이 도처에 퍼졌고 농민들은 스스로를 지키기 위해 농기구와 무기로 무장했다. 비적 떼 출몰은 대부분 헛소문에 불과했으나 극도로 긴장해 있던 농민들은 무장을 풀지 않고 귀족의 성이나 영주의 저택을 습격했다. 봉건적 부과조 징수에 불만을 품고 있던 농민들은 봉건적 권리가 적힌 고문서를 찾아내 불태우고 영주의 재산을 파괴하기도 했다. 농민들이 원하는 것은 명약관화했고 국민의회는 답을 주어야 했다. 농민의 요구를 거부한다면 의회는 국민 대다수의 지지를 잃을 것이었다. 그러나 봉건적 부과조를 폐지한다면 귀족뿐 아니라 부르주아의 직접적 이해관계도 침해될 터였다. 이미 많은 수의 부유한 부르주아들이 영주의 권리를 구입하여 봉건적 부과조를 수령하고 있었기 때문이었다.

선택의 기로에 선 의회는 8월 4일 밤 봉건제 폐지를 선언했다. 그러나 8월 5일부터 11일에 걸쳐 작성된 봉건제 폐지 법령이 봉건제를 완전히 폐지하지는 않았다. 국민의회는 재정적 특권, 부역, 농노의 상속세, 기타 인신적 예속은 폭력으로 확립된 것으로 간주하여 무조건 폐지했다. 그러나 농민에게 실질적 부담이 되었던 물적 부과조인 지대(地代)는 계약에 의한 것, 즉 영주의 정당한 재산으로 간주하여 되사도록 했다. 이에 따라 농민들은 부과조의 20~25배에 달하는 값을 치루고 부과조를 납부하지 않을 권리를 사야만 했다. 이러한 조치에 반발하여 되사기를 거부함으로써 봉건제를 실질적으로 폐지하는 것은 농민들 자신의 몫이 될 것이었다.

명실상부한 국민의 대표체가 된 제헌의회는 곧 프랑스의 헌법을 제정하는 과업에 착수했다. 헌법 제정은 새로운 프랑스를 건설하는 일이기도 했으므로 제헌의회는 헌법 제정 작업에 들어가기에 앞서 그 헌법의 정신, 즉 새로운 프랑스의 원리를 만천하에 밝히기를 원했다. 그에 따라 1789년 8월 26일 '인간과 시민의 권리 선언(인권 선언)'이 발표되었고 이 인권 선언은 1791년 완성 후 공포된 헌법의 전문(前文)이 되었다. 이후 국민공회에서 급진적인 산악파(Montagnards, 山嶽派)가 권력을 장악한 1793년, 그리고 국민공회가 해산하고 총재 정부가 수립된 1795년에 헌법이 다시 제정되었고, 그때마다 새로운 인권 선언이 그 전문으로 포함되었다. 그러므로 프랑스 혁명기에 발표된 인권 선언은 세 개이지만 가장 유명하고 또한 가장 중요한 것은 1789년의 인권 선언이라 할 수 있다.

'인권 선언'은 먼저 "인간은 자유롭고 권리에서 평등하게 태어난다."(제1조)고 선포했다. 그리고 인간은 "자연적이고 시효에 의해 소멸할 수 없는 권리들"을 소유하는데, 정부나 국가의 목적은 바로 이 '자연권'을 보존하는 것이다(제2조). 인권 선언이 규정하는 자연권은 자유, 소유권, 안전, 그리고 압제에 대한 저항이다(제2조). 이어 제3조에서는 주권이 국민에게 있다고 선언한다.

인간이 자유롭고 평등하다고 선언한 만큼 인간이 누리는 자유는 다수의 조항에서 구체적으로 예시된다. 자유란 타인에게 피해를 주지 않는 한 모든 것을 할 수 있다는 뜻이다. 오직 법으로만 그 자유를 제약할 수 있는데, 자유는 사회에 해로운 행위를 금해야 할 때와 타인의 동일한 권리를 보장해야 할 때 제약된다(제4조와 제5조). 자유는 무엇보다 몸의 자유, 즉 안전을 의미한다. 따라서 누구든 법이 정한 경우에만, 그리고 법이 정한 형식에 의해서만 고소, 체포, 구금될 수 있다(제7조). 또한 누구나 유죄로 선고될 때까지는 무죄로 추정되며 그를 반드시 체포해야 하는 경우라 해도 불필요한 모든 가혹 행위는 법에 의해 엄중히 제지된다(제9조). 또한 사람은 누구나 자유롭게 의견을 말하고, 쓰고, 출판할 수 있다(제10조와 제11조). 이러한 신체의 자유를 위한 형법과 사법의 개혁, 언론과 출판의 자유는 구체제 말 왕정의 비판자들이 빈번히 요구했던 것으로 대부분의 진정서에서도 표출된 사항이었다.

종교의 자유는 의견과 사상의 자유의 일환으로 매우 조심스럽게 인정되었다(제10조). 이는 프랑스인들 대부분이 가톨릭이고 일부에서 가톨릭을 국교로 선언할 것을 요구하고 있었기 때문이다. 반면 의견을 표현할 자유의 필연적 귀결이라 할 집회와 결사의 자유는 인권 선언 안에 명시되어 있지 않다. 또한 상인과 사업가들이 중시했을 경제 활동의 자유도 빠져 있다. 이는 동업 조합의 존폐를 둘러싼 견해 차이가 컸기 때문으로 보인다. 상인과 사업가들은 경제 활동의 자유를 가로막는 동업 조합의 폐지를 원했으나 수공업 장인들은 존속을 강력히 원했고, 이러한 견해 차이와 갈등은 이미 그간에 제출된 진정서들에도 상당히 드러나 있었다.

평등권 역시 여러 조항에서 제시되었다. 법은 보호하는 경우에나 처벌하는 경우에나 동일하여야 한다. 모든 시민은 법 앞에 평등하므로 오직 능력, 덕성, 재능에 따라 아무런 차별 없이 평등하게 공적인 직위와 직무에 취임할 수 있다(제6조). 모든 시민은 능력에 따라 평등하게 공동의 세금을 분할해야 한다(제13조). 그런데 이 조항들에서 평등하게 공직에 취임하고 평등하게 세금을 납부하는 주체는 '시민'이다. 자유가 모든 인간의 권리라면 평등은 시민의 권리이다. 시민이란 그가 속한 사회가 요구하는 자격을 갖추고 그에 따라 권리를 누리고 의무를 이행하는 사람이다. 이 시민은 직접, 또는 대표를 통하여 입법에 참여할 권리가 있고(제6조), 공공의 세금의 필요성을 검토하고 그것에 동의할 권리가 있다(제14조). 또한 공직자에게 행정에 대한 보고를 요구할 권리도 있다(제15조).

하지만 이 시기에 모든 인간이 이러한 시민의 권리를 누리지는 못했다. 인권 선언은 인간과 시민의 권리를 구분하고 있다. 이것은 인권 선언이 자유와 평등에 부여하는 지위의 차이와도 관련된다. 인권 선언 제1조에 따르면 인간은 자유롭고 평등하지만 단지 권리에서 평등할 뿐이다. 예를 들어 '모든 사람은 교육받을 권리가 있다.'는 조항이 있다고 치자(1789년 인권 선언에는 교육권이 없다). 즉 권리에서 평등하다. 그러나 경제적 여유가 뒷받침되어야 원하는 만큼 교육받을 수 있으므로 모든 사람이 교육받을 권리를 누릴 수 있는 것은 아니다. 다른 예로 제6조에서 선언했듯이 모든 사람은 공직에 취임할 권리가 있다. 그러나 공직에 취임하고자 하는 사람은 그에 필요한 자격을 갖추어야 한다. 자격에는 여러 가지가 있겠지만 특히 공직에 합당한 교육은 필수적이다. 이 합당한 교육이라는 자격에는 다시 경제적 여유가 필요하다. 따라서 권리가 평등하다고 해서 실제로 모든 사람이 그 권리를 실현할 수 있는 것은 아니며 특정한 자격이 필요하다. 시민은 그 자격을 갖춘 사람이다. 그러므로 권리의 평등이 실질적인 평등이 되려면 자격을 갖출 수 있는 여건이 사회 구성원에게 마련되어야 한다. 그러나 1789년 인권 선언에서는 아직 그러한 문제에 주목하지 않았고, 따라서 자격을 갖추어야 할 책임을 온전히 개인의 몫으로 남겨 두었다. 이렇게 보면 인권 선언이 인정하는 자연권에 평등이 빠져 있는 이유를 알 수 있다.

이처럼 공직에 취임하거나 입법에 참여하고 세금 납부에 동의하는 시민의 자격은 결국 개인의 경제적 여유와 그것이

가능하게 하는 교육이다. 인권 선언은 '소유권'을 시민의 자격이라고 명시하고 있지는 않지만, 제2조에서 자유와 함께 자연권에 포함시킬 만큼 중시하고 있다. 안전은 곧 신체의 자유이고, 압제에 대한 저항은 자유를 위한 적극적인 투쟁의 자유라고 보면 자연권은 실상 자유와 소유권 둘밖에 없다고 할 수 있다. 나아가 인권 선언의 마지막 조항인 제17조에서는 소유권을 신성불가침의 권리로 선언한다. 소유권은 공공의 필요를 위한 것이 아니면 결코 빼앗을 수 없고 그런 경우라 해도 반드시 사전 보상이 이루어져야 한다.

소유권이 이토록 강조되고 있는 것에 비해 모든 권리의 전제 조건이라 할 생존권, 노동권, 그리고 교육권은 언급되지 않는다. 또한 자유를 자연권이라고 선언하면서도 식민지 노예 해방 문제 역시 언급되지 않았다. 당시 생도맹그(Saint-Domingue, 오늘날의 아이티), 마르티니크(Martinique), 과들루프(Guadeloupe) 등 카리브 해의 프랑스 식민지에는 약 40만의 노예가 있었다. 프랑스에는 이미 1788년 초 '흑인의 벗 협회(Société des amis des Noirs)'가 창설되어 노예 해방과 노예 무역 폐지를 요구했지만, 대부분의 제헌의회 의원들조차 노예를 일차적으로 프랑스인들의 소유권이라는 측면에서 생각하고 있었다.

시민의 자격이 소유권 즉 재산으로 규정된다는 것은 인권 선언이 발표된 후 1789년 10월 제헌의회가 결의한 선거권 규정으로 확인된다. 제헌의회는 시민을 능동 시민과 수동 시민으로 나누고 능동 시민에게만 선거권을 부여했다. 여기서 말하는 능동 시민이란 1년에 3일치 임금에 해당하는 직접세를 납부하는 사람이었다. 이 규정에 따라 25세 이상의 성인 남성 600만 명 중 400만 명이 선거권을 얻었다. 이들은 국회의원을 선출할 '선거인'과 지방의회 의원을 선출했다. 선거인의 자격과 국회 의원 피선거권자의 자격은 더 높은 세금을 내는 이들 만이 가질 수 있었다.

이러한 선거권 규정은 전혀 민주주의적이지 않지만, 당대인들 중 이에 항의하는 이들은 많지 않았다. 로베스피에르(Maximilien Robespierre, 1758~1794)와 같은 소수의 민주파만 보통 선거를 주장했다. 그만큼 혁명 초까지만 해도 프랑스인들은 개인의 재산과 그것이 입증하는 책임감, 교육, 덕성이 시민의 자격 요건이라고 생각했다. 또한 그런 자격을 갖춘 사람들이 합당한 권리를 행사하고 공적 임무를 수행할 수 있도록 하는 것이 혁명의 중요한 성과라고 생각했다. 이런 이유에서 흔히 역사가들은 프랑스 혁명을 '부르주아 혁명' 또는 부르주아를 시민으로 번역하여 '시민 혁명'으로 분류했다. 인권 선언은 인간의 보편적 권리를 선포했지만, 당대에 그것이 갖는 의미는 명백히 '계급적'이었다. 그러나 그렇다고 해서 인권 선언의 의의가 훼손되는 것은 아니다. 인권 선언의 보편적 원리는 미래 사회의 토대가 되었고, 인권 선언이 명시하지 않은 구체적 권리를 채워 넣고 보편적 권리의 추상적 성격을 실제적 권리로 보편화하는 것은 후대의 몫이기 때문이다.

한편 제헌의회는 국가의 재정 문제를 해결하기 위해 모든 교회 재산을 국유화하기로 결정했다. 이어 제헌의회는 교회 재산 경매를 담보로 사실상 국채인 아씨냐(Assignat)를 발행했다. 제헌의회는 교회 재산을 국유화했으므로 성직자의 생계를 책임져야 했고, 그에 따라 성직자를 공무원화하여 봉급을 지급하는 '성직자에 관한 민사 기본법(Constitution Civile du clergé)'을 제정했다. 제헌의회는 이 법에 의거하여 1790년 말 성직자들에게 혁명에 대한 충성 선서를 요구했는데, 약 절반의 성직자가 선서를 거부했다. 선서 거부파는 반혁명 세력으로 여겨져 박해를 받았고, 선서 거부 성직자를 따르는 민중은 '우리 신부님'을 괴롭히는 혁명에 반대하여 왕당파와 같은 반혁명 세력에 합류하기도 했다.

경제적인 측면에서 제헌의회는 자유주의적이고 부르주아적인 성격의 법령을 제정했다. 1791년 3월에는 알라르드 법

(Le Décret d'Allard)을 제정하여 동업 조합을 폐지하고 "모든 이는 원하는 것을 원하는 대로 자유로이 생산하고 판매할 수 있다."고 선언했다. 이어 6월에는 르샤플리에 법을 제정하여 노동조합 설립과 파업을 금지했다. 이 법에 따르면 "노동 계약은 두 개인 사이의 사적 관계이며 어떤 집단도 이 개인적 계약 관계에 개입할 수 없다." 이 법의 효력은 19세기 후반까지 지속되어 동맹 파업권은 1864년에야, 조합 결성권은 1884년에야 인정받았다(알라르드(Allarde)와 르샤플리에(Le Chapelier)는 두 법을 제안한 제헌의회 의원의 이름이다).

혁명은 어떻게 급진화했을까?

제헌의회는 1791년 9월 헌법을 제정하여 선포한 후 해산했다. '1791년 헌법'은 단원제(單院制) 의회와 입헌 군주정을 채택했다. 루이 16세는 1791년 6월 가족과 함께 오스트리아로 달아나려다 국경 근처 바렌(Varennes)에서 발각되어 다시 파리로 끌려온 사건으로 권위에 큰 손상을 입었지만 결국 왕권을 유지했다. 그러나 국왕의 탈주 사건으로 공화정 수립을 요구하는 여론이 거세졌고, 대표적인 정치 클럽인 자코뱅

(Jacobins) 클럽이 분열했다.

자코뱅 클럽은 국민의회의 급진적 의원들의 모임이었던 브르타뉴 클럽(Club breton(breton은 Bretagne의 형용사))에서 발전한 것이었다. 1789년 10월 5~6일 민중 봉기로 왕실과 의회가 베르사유에서 파리로 자리를 옮긴 후 브르타뉴 클럽은 '헌법의 벗 협회(Société des amis de la Constitution)'로 이름을 바꾸고 일반인들에게 문을 개방했다. 헌법의 벗 협회는 도미니크회 소속 자코뱅 수도원에서 모였으므로 자코뱅 클럽으로 불렸다. 바렌 탈주 사건 후 자코뱅 클럽 안에서 공화파가 득세하자 혁명의 급진화를 우려하고 입헌 군주정을 주장하는 사람들이 자코뱅 클럽에서 나와 푀양 수도원에 따로 모였다.

이러한 분열은 프랑스 전역의 정치 클럽들에서도 되풀이되었고, 1791년 10월 입법의회가 개원했을 때 의원들의 구성에서도 그대로 반영되었다. 입헌 군주정을 지지하고 혁명을 그 단계에서 멈추려 하는 푀양파(Les Feuillants)가 입법의회의 우파로서 다수를 차지했다. 푀양파의 정치적 입장은 바렌 탈주 사건 직후인 1791년 7월 15일 바르나브(Antoine Barnave, 1761~1793)가 제헌의회에서 한 연설에서 잘 드러난다.

"우리는 혁명을 종식시키려는 것인가, 아니면 혁명을 새롭게 시작하려는 것인가? 여러분은 모든 사람이 법 앞에서 평등하다고 선언했다. 여러분은 시민적, 정치적 평등을 축성하였다. 여기서 한 발자국 더 나아가는 것은 치명적이고 책망받아 마땅한 행위가 될 것이다. 자유의 길에서 한 발자국 더 나아간다면 왕권을 파괴하게 될 것이며, 평등의 길에서 한 발자국 더 나아간다면 소유제를 파괴하게 될 것이다. 파괴해야 할 것이 더 이상 존재하지 않음에도 불구하고 사람들이 여전히 파괴하기를 원한다면, 만인의 평등이 보장되었음에도 불구하고 사람들이 평등의 작업이 아직 끝나지 않았다고 믿는다면, 사람들이 여전히 찾고 있는 일소해야 할 특권 계급은 소유제의 특권 계급이 아닌가?"

반면 공화정을 주장하는 자코뱅은 입법의회의 좌파를 이루었다. 좌파는 중심인물인 브리소의 이름을 따 브리소파, 또는 브리소와 그의 동료들의 출신지 이름을 따 지롱드파로 불렸다. 지롱드(Gironde)는 프랑스 남서부 대서양 연안의 도(道)로 도청 소재지는 보르도(Bordeaux)였다. 혁명 전의 보르도는 대서양 무역으로 매우 번성하는 대도시였고 지롱드는 상공업이 발달한 프랑스 해안 지역을 대표하는 이름이었다고 할 수 있다. 보통 선거를 지지하는 로베스피에르, 당통(Georges

Danton, 1759~1794), 마라(Jean Paul Marat, 1743~1793) 등은 의회 밖의 극좌파를 이루었다.

1792년 4월 20일 입법의회는 혁명 진행에 결정적인 영향을 미칠 중대한 결정을 내렸다. 프로이센과 오스트리아에 선전 포고한 것이다. 이미 1791년 여름 루이 16세의 탈주 사건이 실패로 돌아간 후 오스트리아 황제와 프로이센 왕은 프랑스의 혁명 세력을 위협한 바 있었다(1791년 8월 27일 필니츠(Pilnitz) 선언). 국왕과 브리소파는 각기 다른 정치적 계산 아래 전쟁을 지지했다. 국왕은 프랑스의 패전으로 왕권 회복을, 브리소파는 국왕과 국내 귀족들의 반혁명 음모를 백일하에 드러내고 전쟁에서 승리하여 권력을 공고히 할 수 있으리라고 기대했다. 오직 로베스피에르만이 전쟁에 반대했다. 로베스피에르는 전쟁이 장기화하면 혁명 자체를 위협하게 될 것이라 예견했다.

결국 전쟁이 시작되었지만 프랑스 군대는 전혀 준비되어 있지 않았다. 혁명이 시작된 후 장교의 절반이 망명했고, 의용군은 제대로 조직되지 않았으며, 군대 내 혁명 지지 세력과 특권층 지지 세력의 대립으로 기강이 해이했다. 당연히 개전과 함께 프랑스 군은 패전을 거듭했다. 7월 11일 의회는 "조국이 위기에 처해 있다."고 선언했고, 8월 1일에는 "왕실에 최소한의 모욕이라도 가한다면 파리를 군사적으로 응징하겠다."는 프로이센 군 사령관 브라운슈바이크 공작의 선언이 파리에 전해졌다. 이 선언은 오히려 파리 민중의 분노와 혁명열을 자극했다. 민중이 보기에 국왕은 의심의 여지없이 외적의 공범이었다.

위기의 귀결은 민중 봉기였다. 1792년 8월 10일 바스티유 함락 기념 축제인 연맹제에 참가하기 위해 프랑스 전역에서 모인 의용군과 파리 민중은 국왕의 거처인 튈르리 궁을 장악하고 입법의회에 침입했다. 의회는 루이 16세의 권한을 정지시키고 보통 선거에 의한 국민공회 소집을 결의했다. 8월 10일의 봉기는 공화국 수립을 가능하게 하고 민중 혁명의 도래를 예고했다는 점에서 '제2의 프랑스 혁명'이었다.

8월 10일 봉기와 국민공회 개원(9월 20일) 사이의 기간에 이른바 제1차 공포정치가 출현했다. 패전 소식이 잇따르고 국내에서는 왕권이 정지되고 의회가 무력해진 무정부적 상황에서 특권 계급의 음모와 배반에 대한 민중의 강박관념이 폭력적으로 분출했다. 민중은 왕당파 신문 폐간, 징발, 징집, 공정 가격제, 반혁명 혐의자 체포, 비상 인민 재판소 설치를 요구했다. 이러한 조치들은 1789년 인권 선언이 담고 있는 자유주의 원칙에 어긋나는 것이었다. 그러나 민중은 그런 조치들

만이 혁명을 국내외의 적으로부터 구할 수 있다고 생각했다. 제1차 공포정치의 정점은 '9월 학살'이었다. 파리와 국경 사이 최후의 요새인 베르덩(Verdun)이 프로이센 군에 포위되었다는 소식이 전해지자, 이에 격분한 민중은 스스로 내부의 적을 찾아내려 했다. 또한 조국을 구하기 위해 군에 자원한 민중들은 전방으로 떠나기에 앞서 '반역자들'을 숙청하고 싶어 했다.

혁명 당국을 신뢰할 수 없었던 민중은 자발적으로 재판과 처형에 나섰다. 9월 2~6일 사이 1000~1400명이 학살되었다. 제1차 공포정치는 혁명적 국가가 반혁명을 제압할 효과적 조치를 취하지 못한다면 무질서와 공포에 빠진 민중이 스스로 폭력적 탄압책을 휘두르게 된다는 교훈을 주었다. 그리고 이 교훈은 1년 후 시작될 혁명 정부의 공포정치, 즉 제2차 공포정치의 배경 중 하나가 되었다.

1792년 9월 20일 국민공회가 개원했을 때 의회 내 당파는 바로 이 민중 운동과의 관계 때문에 나뉘었다. 이제 우파가 된 지롱드파는 민중을 두려워하고 불신했다. 그에 따라 민중 운동의 본거지인 파리의 영향력을 축소시키고자 했다. 상업 자본주의가 발달한 항구 도시나 지방의 상공업 도시 출신이 많았던 지롱드파는 온건한 부르주아지가 지배하는 지방 도시들에 호소하고 기업 활동의 자유, 이윤 추구의 자유 등 경제적 자유주의를 지지했다. 따라서 지롱드파는 민중이 요구하는 공정 가격제에 반대했다.

반면 좌파인 산악파는 혁명과 전쟁을 동시에 수행하는 예외적 상황에서 파리 민중의 역할이 압도적으로 중요함을 인식하고 민중의 지원을 받는 비상 해결책이 필요하다고 생각했다. 그에 따라 산악파는 사유 재산과 개인적 자유도 제한할 수 있다고 생각했다. 로베스피에르, 당통, 마라, 생쥐스트(Louis Antoine de Saint-Just, 1767~1794), 쿠통(Georges Couthon, 1755~1794), 데물랭(Camille Desmoulins, 1760~1794) 등이 산악파에 속했는데, 이들이 계단식으로 된 의회 의석 중 주로 높은 곳에 자리 잡은 것에서 산악파라는 이름이 유래했다. 지롱드파와 산악파 사이에는 뚜렷한 정견을 갖지 못한 평원파 또는 늪지파가 있었다. 이들은 이름 그대로 의회의 낮은 자리에 앉아 있었다.

산악파와 지롱드파는 1792년 겨울 국왕의 재판이라는 사안을 두고 대립했다. 산악파는 국왕은 8월 10일 봉기로 이미 재판을 받은 셈이며 따라서 폐위된 전제 군주로서 처형되어야 한다고 주장했다. 지롱드파는 재판을 피하고자 했고 재판이 시작된 후에는 사형을 피하고자 했다. 루이 16세는 1793년 1월 19일 사형 선고를 받고 21일 처형되었다. 지롱드파는 패배했고 왕을 구하려했다는 의심을 받았다.

지롱드파에게 거듭 타격을 가한 것은 이어지는 패전이었다. 국민공회가 개원한 9월 20일, 발미(Valmy)에서 역사적인 첫 승리를 거둔 프랑스 군은 11월 6일 제마프(Jemmapes) 전투에서의 승리로 전 유럽에 충격을 주었다. 1793년 2월 프랑스는 영국, 홀란드, 스페인에 선전 포고했고, 유럽은 대(對)프랑스 동맹으로 대응했다. 프랑스는 1793년 봄과 여름 거듭 패배했다. 영국, 하노버, 오스트리아의 군대가 북부 국경을, 피에몬테 군대가 알프스 지방을, 스페인 군대가 피레네 지방을 압박했다. 프랑스 군 사령관 뒤무리에(Charles François Dumouriez, 1739~1823)는 4월 참모들을 이끌고 적진으로 도주했다. 지롱드파는 전쟁을 시작했지만 승리를 쟁취할 수는 없다는 현실이 드러났다. 설상가상으로 30만 징집령에 분노한 프랑스 서부 방데(Vendée) 지방에서는 농민 반란이 터져 나왔다.

지롱드파의 영향력은 점차 줄어들었고, 산악파는 민중의 지지를 얻어 공화국을 구하기 위한 조치들을 부과했다. 1793년 봄 혁명 재판소가 설립되었고, 파리 각 구(區)에서 자발적으로 조직되어 반혁명 혐의자를 감시하고 있던 혁명감시위원회가 법으로 승인되었으며, 곡물과 밀가루에 대한 공정 가격제가 시행되었다.

하지만 지롱드파 역시 반격에 나서 '12인 위원회'를 구성하고 파리 민중 운동의 중심 기구인 파리 코뮌(Commune de Paris)을 해산시키려 했다. 파리 코뮌은 선거로 구성되는 파리시 당국으로 8월 10일 봉기 이래 산악파가 지배하고 있었다. 지롱드파가 공세에 나서자 민중은 다시 봉기를 일으켰다. 5월 31일 민중은 국민공회를 포위하여 12인 위원회 해산안을 통과시켰다. 민중은 이에 만족하지 않고 6월 2일 다시 봉기하여 29명의 지롱드파 의원을 체포했다. 봉기에서 민중은 반혁명 혐의자 체포, 생필품 확보를 책임질 유급 혁명군의 창설, 곡물의 최고 가격제, 모든 생필품의 공정 가격제, 군대와 행정부의 쇄신을 요구했다. 민중의 압력은 더욱 강화되고 민중의 지지를 받는 산악파는 독재를 시작했다.

프랑스 혁명기의 민중, 상퀼로트란 누구일까?

프랑스 혁명기의 민중은 흔히 '상퀼로트(Sans-culottes)'라 불렸다. 이는 귀족이나 상층 부르주아지가 입는 짧은 바지인 퀼로트를 입지 않은 사람들, 즉 육체노동에 편한 통바지를 입은 사람들이라는 의미였다. 상퀼로트는 작업장을 소유한 장인과 상점을 소유한 소상점주를 중심으로 그 아래서 일하는 직인(職人), 도제, 점원, 사무실 급사, 임금노동자, 일용 노동자에 이르기까지 매우 다양한 사람들로 구성되었다.

상퀼로트는 중간 부르주아지로부터 임금노동자까지를 포함하므로 하나의 계급이라고 말할 수는 없지만 동일하게 독립적 소생산자 사회를 이상으로 여겼다. 독립적 소생산자 사회란 스스로 노동하는 모든 직접 생산자가 생산 수단을 소유하는 사회였다. 상퀼로트는 노동하지 않는 대상인과 대자본가에게 적대적이었고, 생산 수단을 소유하지 못한 채 남에게 고용되어 노동하는 임노동자로 전락하는 것을 두려워했다. 예를 들어 로베스피에르의 파리 하숙집 주인 뒤플레(Maurice Duplay, 1736~1820)는 대표적인 상퀼로트 투사였다. 그는 직인 10명을 고용한 장인 목수로 차라리 중간 부르주아에 속했다. 그는 아랫사람인 직인들과는 식사도 함께 하지 않는 사람이었지만 자신이 직접 노동한다는 것을 자랑스럽게 여겼고 노동하지 않는 부르주아를 경멸했다.

상퀼로트는 생산과 교역의 완전한 자유가 재산과 생산 수단의 집중을 가져온다고 여겨 반대했고 통제 경제, 공정 가격제, 누진세, 심지어 최고 재산제를 요구했다. 그런 상퀼로트의 요구는 자본주의 발달에 역행한다는 점에서 시대의 대세를 거스르는 것이었지만, 동시에 정부의 개입을 통해 자본주의의 폐해를 시정하고자 하는 진보적인 성격도 가지고 있었다.

상퀼로트는 무엇보다 정치적 행동에서 하나의 통일체를 이루었다. 그들은 철저한 인민 주권의 신봉자로서 직접 민주주의를 지향했다. 상퀼로트는 선출된 국민대표에 대한 심사와 통제, 신임을 잃은 의원의 소환과 위임 철회, 행정부와 관리에 대한 감시를 주장했다. 또한 정치 과정의 공개성과 통일성을 강조해 회합 자리에서는 신중함이나 과묵함이 결코 미덕이 아니었다. 회의 과정에서 누구나 자신의 견해를 선명하게 제시하고 공개 투표를 거쳐 만장일치를 이루어야 했다. 만장일치가 필요한 것은 결의를 행동에 옮겨야 할 때가 많기 때문이었다. 특히 인민 주권을 수호하기 위한 무장권과 반란권은 상퀼로트에게 필요 불가결한 권리였다.

구(區)마다 열리는 회합과 여러 민중 협회가 인민 주권과 직접 민주주의 실천의 구체적인 장이었으며 지도적인 상퀼로트 투사들은 '격앙파'라는 이름으로 알려졌다. 프랑스어로 앙라제(Enragés)라고 하는데, '공수병(광견병)에 걸린 자들'이라는 뜻이다. 격앙파란 이름은 민중 운동 지도자들의 과격한 활동을 비꼬는 말로 자크 루(Jacques Roux, 1752~1794), 쇼메트(Pierre-Gaspard Chaumette, 1763~1794) 등이 대표적인 인물이다. 1793년 6월 25일 자크 루가 국민공회에서 낭독한 청원서는 격앙파와 상퀼로트의 주장을 명료하게 요약하고 있다.

"민중의 수임자들이여, 오랫동안 당신들은 민중의 재난을 그치게 해 주겠다고 약속해 왔다. 그러나 당신들은 그러기 위해 무엇을 했는가? 매점자와 독점자를 처벌하겠다고 선언했는가? 아니다. 단언컨대 당신들은 아무것도 하지 않았다. 한 계급의 사람이 다른 계급의 사람을 굶주리게 하고도 아무런 처벌을 받지 않는다면 자유는 허깨비에 불과하다. 부유층이 독점에 의해 동포들의 생사권(生死權)을 행사한다면 평등은 허깨비에 불과하다. 식료품의 가격이 급등하여 시민의 4분의 3은 눈물을 흘리지 않고는 그것을 얻을 수 없고 그에 따라 나날이 반혁명의 책동이 나타난다면 공화국은 허깨비에 불과하다. 따라서 다시 한 번 공언하건대 상퀼로트는 그들의 창으로 당신들의 법령을 시행케 할 것이다."

공포정치란 무엇일까?

1793년 9월 4일과 5일에 파리 민중은 다시 봉기하여 자신들이 주장하는 조치를 당국에 강요했고, 그에 따라 본격적인 공포정치가 시작되었다. 9월 5일 국민공회는 의사당을 침입한 민중의 요구에 따라 "공포정치가 의사일정에 올랐다."고 선언하고 혐의자 체포, 감시위원회 정화, 혁명 군대 창설을 공포했다. 감시위원회는 파리 각 구에서 자발적으로 조직되어 이미 혐의자 수색과 체포를 맡고 있던 기구였다. 새로 창설된 혁명 군대는 곡물을 징발하여 파리로 수송할 임무를 맡았다. 이후 공포정치는 혁명 정부의 일반적 작동 방식을 지칭하는 것이 되었다.

'공포(Terreur, 영어로는 Terror)'라는 단어는 공식적인 공포정치가 시작되기에 앞서 급진적 혁명의 수사 중 하나로 사용되었다. 예를 들어 1793년 여름 파리의 민중 투사들이 모든 혐의자를 체포하여 상퀼로트와 함께 전선으로 보내자고 요구했을 때 당통은 이 투사들이 "공포를 주도했다."고 표현했다. 또 거의 같은 시기 파리 구 대표들은 "적들의 가슴에 공포를 불러일으킬 것"을 국민공회에 요구했다. 따라서 국민공회가 공포정치라는 개념을 공식화한 것은 이미 시행되고 있던 임시방편적 조치들에 정치적 일관성을 부여하고 상퀼로트에게 혁명 당국의 확고한 결의를 드러내 보이기 위한 것이었다. 이때 공포정치의 핵심은 공권력이 혁명의 적들을 제압하기 위해 민중에 앞서 스스로 두려운 존재가 되어 의식적으로 공포를 이용하고 만들어 내는 것이었다.

국민공회는 9월 17일 '혐의자 체포법'을 발표해 반혁명 혐의자 색출 작업을 가속화했다. 지방에서 조직된 혁명감시위원회와 의회가 파견한 '파견 의원'들이 주민들을 감독하고 고발을 접수하여 혐의자를 체포했다. 법에 따르면 혐의자란 '행동, 말, 대인 관계, 글에 의해 전제정이나 연방주의의 옹호자이자 자유의 적임이 드러난 모든 사람'이었다. 연방주의의 옹호자란 민중 봉기로 숙청된 지롱드파와 그 지지 세력을 일컫는 것이었다. 체포를 피해 숨은 지롱드파와 그 지지자들은 여러 지방에서 산악파에 대항해 반란을 일으켰다. 마르세유(Marseille), 보르도, 리옹(Lyon), 캉(Caen) 등 주요 대도시들이 반란에 가담했고 이 '연방주의자들의 반란'은 혁명에 큰 위협이 되었다. 따라서 1793년 가을 반란을 진압하며 행해진 탄압은 매우 가혹했다. 수많은 사람들이 단두대와 총살형으로 처형되었고, 심지어 낭트(Nantes)에서는 패배한 반란군을 루아르(Loire) 강에 빠뜨리는 익사형이 자행되기도 했다.

공포정치는 경제적 내용도 포함하고 있었다. 1793년 9월 29일 국민공회는 생필품에 대한 최고 가격제 실시를 결정했다. 모든 생필품의 최고 가격은 1790년보다 50퍼센트 인상

된 가격으로 정해졌다. 정부는 가치가 형편없이 떨어진 아씨냐 지폐를 강제로 유통시키고 숨겨 둔 물자를 찾아내기 위해 가택 수색과 징발을 계속했다. 최고 가격제 시행은 중앙 집권화를 더욱 강화했다. 그러나 민중의 요구에 따라 시행된 최고 가격제의 시행은 중앙 집권화와 산악파의 권한을 강화함으로써 역설적이게도 민중 운동을 약화시키는 결과를 초래했다. 민중 운동의 투사들은 봉급을 받는 관리가 되어 자율성을 상실하고, 회합들은 규제를 당했다. 10월 말 국경에서 공화국 군대가 승리를 거두고 방데 반란이 진압된 후 이러한 과정은 더욱 가속화되었다.

공포정치의 시행으로 내외의 위기가 완화되었다. 1793년 말 연방주의자들의 반란과 방데 반란이 진압되었고, 1794년 군대는 다시 승리하기 시작했다. 그러자 공포정치를 계속할 것인가를 두고 산악파 내에 분열이 일어나 두 분파가 공안위원회를 공격했다. 로베스피에르, 생쥐스트, 쿠통, 카르노(Lazare Carnot, 1753~1823), 생탕드레(Jeanbon Saint-Andre, 1749~1813), 비요 바렌(Jacques Nicolas Billaud-Varenne, 1756~1819), 콜로 데르부아(Jean-Marie Collot d'Herbois, 1749~1796) 등 12명으로 구성되었던 공안위원회는 공포정치 시기 혁명 정부의 주축으로서 사실상의 행정부였다.

에베르(Jacques-René Hébert, 1757~1794)를 중심으로 한 좌파는 공포정치를 계속해야 할 뿐 아니라 더욱 강화해야 한다고 주장했다. 당통을 중심으로 한 관용파는 공포정치의 종결과 대프랑스 동맹국들과의 강화를 요구했다. 1794년 초 식량위기가 엄습하면서 에베르파가 민중의 불만을 등에 업고 입지를 강화하자 산악파는 3월 하순 관용파와 힘을 합쳐 에베르파를 제거했다. 에베르파의 제거로 산악파에 대한 민중의 불신은 심화되었고, 혁명 정부와 민중 운동 사이의 직접적이고 우애 있는 접촉은 사라졌다. 이어 4월 초 당통과 그의 일파가 체포되어 처형되었다.

에베르파와 관용파가 사라짐으로써 로베스피에르를 중심으로 한 공안위원회의 독재가 확고해진 듯했다. 6월 26일 플뢰뤼스(Fleururs) 전투 승리로 대프랑스 동맹에 대한 우위를 확보했고, 대외적인 군사적 위험은 현저히 낮아졌다. 내부적으로는 민중 운동의 영향력 역시 약화되었다. 그러자 공포정치에 대한 궁극적인 도전이 나타났다. 살아남은 관용파, 평원파, 에베르파의 지지자들, 과도한 공포정치로 로베스피에르의 비난을 산 공포정치가들이 로베스피에르에 대항할 음모를 꾸몄다. 7월 27일, 즉 테르미도르(Thermidor) 9일(7월 27일)[4], 반대파는 로베스피에르를 연단에서 끌어내렸고 국민공회는 그와 동료들의 체포를 승인했다. 로베스피에르를 구하기 위한 민중 봉기는 흐지부지되었다. 다음 날 로베스피에르를 포함해 22명이 단두대에서 처형되었다.

나폴레옹 보나파르트는 어떻게 혁명을 종결지었을까?

로베스피에르를 제거한 테르미도르파가 원한 것은 반혁명이 아니라 부르주아지의 우위를 보장하는 공화국이었다. 그러나 테르미도르파의 국민공회는 한편으로는 민중 운동, 다른 한편으로는 반혁명이라는 이중의 압력에 직면했다. 최고가격제가 폐지되면서 식료품 가격이 급등하고 식량 위기가 닥친 반면 상류층은 여전히 사치스러운 생활을 지속했고, 사교

---

4) 1793년 10월 6일 국민공회는 '혁명력'을 채택해 1792년 9월 22일을 기점으로 공화국 연호를 사용하고 열두 달에 새로운 이름을 붙였다. 따라서 1793년 9월 21일까지는 혁명력 1년, 그다음 1년간은 혁명력 2년이다. 또 테르미도르는 7월 19일에서 8월 17일까지 '열(熱)의 달'이라는 의미이다. 그 외에도 브뤼메르(Brumaire)는 '안개의 달'로서 10월 22일에서 11월 20일까지, 제르미날(Germinal)은 '씨앗의 달'로서 3월 21일에서 4월 19일까지, 프레리알(Prairial)은 '목장의 달'로서 5월 20일에서 6월 18일까지이다.

계 역시 활력을 얻었다. 1795년 4월과 5월 '빵과 혁명력 1년의 헌법(1793년 5월 31일~6월 2일 봉기로 권력을 잡은 산악파가 그해 6월 24일 채택한 헌법)'을 요구하는 민중 봉기(제르미날의 봉기, 프레리알의 봉기)가 일어났으나 진압되었다. 민중 운동은 결정적으로 붕괴했고 급진 혁명은 종결되었다.

1795년 10월, 그해 8월에 통과된 '혁명력 3년의 헌법'을 토대로 총재 정부가 출범했다. '혁명력 3년의 헌법'은 의회의 힘을 약화시키기 위해 최초로 양원제(兩院制)를 도입하고 다섯 명의 총재(Directeur)에게 행정권을 부여했다. 의원들은 다시 재산에 따른 제한 선거로 선출되었다. 총재 정부는 존속한 기간 내내 좌우로부터 끊임없는 공격에 시달렸다.

1796년 5월에는 공산주의자 바뵈프(François Noël Babeuf, 1760~1797)가 '재산과 노동의 공동체'를 꿈꾸며 '평등주의자의 음모'를 조직했다. 바뵈프는 무장봉기로 정부를 전복하고 소수의 독재로 공산주의 사회를 실현하고자 했으나 사전에 발각되어 처형당했다.

이듬해(혁명력 5년) 선거에서는 왕당파가 대거 진출했다. 그러자 총재 정부는 보나파르트와 몇몇 장군에게 도움을 요청했고 결국 군대를 동원하여 선거를 무효화하고 왕당파를 쫓아냈다(1797년 9월 4일, 프뤽티도르 18일의 쿠데타). 다시 그

이듬해(1798년, 혁명력 6년)에는 자코뱅파가 다수 의회에 진출하자 총재 정부는 그들을 제명하고 총재 정부파로 채워 버렸다.

총재 정부는 매우 제한된 사회 세력만을 기반으로 하고 있었으므로 좌우익의 저항에 직면하자 군대의 무력에 호소할 수밖에 없었다. 게다가 장기간 지속된 전쟁은 이제 정복 전쟁으로 변모했고 전쟁이 체제를 먹여 살리는 꼴이 되었다. 그 과정에서 군대의 힘은 강화되었고 장군들은 정부와 의회의 통제에서 벗어나 전쟁을 개인적 야심의 실현 도구로 여기게 되었다. 그 대표적인 인물이 바로 보나파르트였다.

보나파르트는 1795년 10월 왕당파의 '방데미에르(Vendémiaire) 13일(10월 5일) 봉기'를 진압한 공로로 1796년 3월 이탈리아 원정군 총사령관에 임명되었다. 연전연승을 거듭한 보나파르트는 1797년 10월 오스트리아와 캄포포르미오(Campo Formio) 조약[5]을 맺을 때까지 몇 차례에 걸쳐 총재 정부의 명령을 무시했다. 예를 들어 총재 정부는 교황의 세속적

---

5) 1797년 10월 18일 프랑스와 오스트리아가 체결한 평화 조약. 그해 4월 17일 보나파르트가 오스트리아와 체결한 레오벤(Leoben) 예비조약을 재가하고 연장한 것으로, 이 조약에 의해 오스트리아는 벨기에와 롬바르디아를 프랑스에 양도하고 베네치아를 얻었다.

권력을 박탈하라고 명령했으나 보나파르트는 배상금을 부과하고 교황 영토의 일부를 포기하게 하는 것으로 만족했다. 캄포포르미오 조약에서는 베네치아 공화국을 재확립하라는 명령을 무시하고 베네치아를 오스트리아에 양도하는 대신 자신이 이탈리아 북부에 세운 치살피나 공화국을 인정받았다. 나아가 보나파르트는 자신의 수훈을 선전하는 군 회람지를 프랑스 전역에 유포해 프랑스를 구할 젊은 영웅의 이미지를 스스로 창조해 냈다. 뒤이은 보나파르트의 이집트 원정은 고전의 연속이었으나 가까스로 이집트를 탈출해 파리에 도착한 보나파르트는 여전히 불세출의 정복자, 개선장군의 모습으로 포장되었다. 결국 보나파르트는 평화와 안정을 바라며 전쟁에 지친 프랑스인들의 기대와 체념 속에서 1799년 11월 브뤼메르 쿠데타에 참여해 통령(Consul)이 됨으로써 10년간의 혁명에 종지부를 찍었다.

이러한 보나파르트의 권력 장악은 이미 1792년 초 전쟁을 부추기는 브리소파에 맞서 외롭게 전쟁에 반대했던 로베스피에르의 연설 속에서 예고되었다.

"혼란과 분열의 시대에는 군 지휘관들이 나라 운명의 중재자가 되고, 자신들이 지지하는 당파를 우세하게 만든다. 만일 그들이 카이사르(Gaius Julius Caesar, B.C.100~B.C.44)나 크롬웰(Oliver Cromwell, 1599~1658)이라면, 그들은 스스로 권력을 차지할 것이다. 그들이 개성 없는 신하에 불과하다면 권력을 자기 주인의 발 앞에 내려놓고, 그의 제1의 시종이 된다는 조건 아래 그가 전제 권력을 되찾도록 도울 것이다.”

프랑스 혁명은 무엇을 성취했을까?

프랑스 혁명은 출생에 따라 사회 구성원의 위계를 결정하고 정치적·사회적 역할을 제한하던 신분제 사회를 파괴했다. 혁명은 모든 인간이 나면서부터 자유롭고 법 앞에서 평등하다고 선언했다. 어느 누구도 법 위에 있을 수 없으며 그 법은 국가의 주인인 국민의 대표들이 제정하는 것이었다. 혁명을 통해 프랑스인들은 정치적 주체인 시민이 되었고 신분의 벽을 허문 단일한 국민이 되었다.

프랑스 혁명의 이러한 성과는 1789년에 발표된 인권 선언에서 확인할 수 있다. 1789년의 인권 선언은 프랑스 혁명이 무엇보다 자유의 혁명임을 선언했다. 자유는 인간이 사회를 구성하기 이전에 자연이 인간에게 부여한 권리였으며 이 내용은 여러 조항에 걸쳐 상세히 열거되었다. 그러나 평등은 '권리의 평등'으로 정의되어 자유와 대등한 지위를 부여받지 못했다. 권리의 평등이란 누구에게나 권리가 있음을 인정하되, 그 권리를 실현할 능력은 전적으로 개인의 책임으로 돌리는 것이었다. 그러므로 '권리의 평등'을 실질적으로 누릴 수 있는 것은 재산을 소유한 시민들이었다. 평등의 이러한 형식주의적 성격은 정치적 권리의 행사에서도 명료하게 나타난다. 앞서 설명했듯 선거권과 피선거권은 재산 정도로 제한되었던 것이다. 부(富)의 차이가 권리 실현에 차별을 가져온다면 권리를 행사할 수 없는 사람들이 진정으로 자유롭다고 말하기는 어려울 것이다. 나아가 부의 정도에 따라 다른 권리를 갖는 사람들이 진정으로 우애에 의해 결속될 수 있다고도 말할 수 없다.

민중은 부르주아 혁명의 이러한 한계를 인식했으며 적극적인 참여와 압력으로 실질적인 평등과 더 민주적인 권리를 획득하고자 했다. 민중의 가장 강력한 정치 수단은 봉기였다. 1792년 8월 10일 봉기로 왕정이 무너진 후, 국민공회는 프랑스 역사상 처음으로 실시된 보통 선거에 의해 소집되었다. 다음 해 다시 민중의 봉기에 의해 권좌에 오른 산악파는 1793년의 헌법(혁명력 1년 헌법)과 그 서문인 인권 선언으로 민중들이 요구했던 여러 권리들을 인정했다. 예를 들어 1793년 인권 선언은 '권리의 향유'를 보장하는 것, 즉 사회 구성원들이 평등하게 권리를 향유하게 하는 것이 정부 설립의 목적이라고 선언했다(제1조). '향유의 평등'이라는 개념이 나타난 것이다. 이를 위해 1793년 인권 선언은 인간이 사회 구성원으로서 누려야 하는 사회적 권리를 강조했다(제21조). '공공의 구제'는 사회의 신성한 책무라고 선언되었다. 사회는 가난한 이들에게 생존 수단을 보장해 주어야 하고 일할 수 있는 빈민에게는 일자리를 주어야 했다. 또한 사회는 모든 시민이 교육받을 수 있게 해야 했다(제22조).

다른 한편 1789년 인권 선언은 주권이 '국민(Nation)'에게 있다고 선언한 반면 1793년 인권 선언은 주권이 '민중(Peuple)'에게 있다고 선언했다(제25조). 국민과 민중은 무엇이 다를까? 국민이란 특정한 조건에 따라 자격을 갖추고 권리와 의무를 행사하는 사람으로서 실상 1789년에 국민은 능동 시민을 의미했다. 나아가 국민 주권을 주장한 제헌의회 의원들은 국민은 스스로 주권을 행사할 수 없고 그 대표인 의회가 주권을 행사한다고 주장했다. 따라서 1789년 인권 선언이 선포한 국민 주권은 제헌의회 시기에는 사실상 의회 주권을 의미했다. 이는 시에예스가 1789년 9월 제헌의회에서 했던 연설 속에서 잘 드러난다.

"공동의 유익을 위해 시민들은 그들보다 공동 이익을 더 잘 알고 그에 따라 그들 자신의 의지를 더 잘 해석할 수 있는 대표를 가져야 한다. 근대 상업 사회에서 정부는 민주주의적이어서는 안 되고 대의제적인 것이 되어야 한다."

반면 1793년 인권 선언은 재산 자격과 무관한 모든 민중이 주권을 갖는다고 선언했다. 의회는 단지 주권자인 민중의 요구를 수행하는 실무자에 불과하고 중요한 결정은 의회가 아니라 민중이 내려야 한다는 것이었다. 따라서 1793년 인권 선언은 민중이 의회와 관리들을 감시하고 소환할 권리를 갖는다고 인정했고 압제에 저항해 봉기하는 것을 주권자 민중의 권리이자 의무라고 강조했다(제35조). 이것은 이미 활발하게 이루어지고 있던 민중의 직접 민주주의적 실천을 공인하는 것이었다.

산악파는 1793년의 헌법과 뒤이은 공포정치 시기의 법률을 통해 사회 민주주의를 실천하고자 했다. 산악파는 생존권이 소유권에 우선하며 민중의 생계를 위해 소유권에 제한을 가할 수 있다고 주장했다.

"이론가들은 생활필수품을 단순히 보통의 상품과 같은 것으로 간주해 왔다. 그들은 민중의 식량에 대해서보다는 그것의 교역에 관해 더 많은 논설을 써 왔다. 그들은 장사치나 지주들의 이익은 크게 고려했지만 인간의 생존에는 거의 관심이 없었다. 권리 중 으뜸인 권리는 생존할 권리이다. 따라서 법 중에 사회적으로 가장 우선되어야 할 법은 사회의 모든 구성원에게 생존의 수단을 보장하는 법이어야 한다. 그 밖의 모든 권리는 그것에 종속된다."

— 로베스피에르, 1792년 12월 2일 연설

산악파는 민중의 생존권을 보장하기 위해 공정 가격제와 통제 경제를 실시하고 의무 교육과 국민 구호제를 도입했다. 산악파의 정책은 독립적인 소생산자 사회를 꿈꾸었던 민중의 압력을 수용한 것이었다. 민중과 산악파의 평등주의와 사회 민주주의적 실험은 공포정치의 종결과 함께 중단되었다. 그러나 자본주의의 발전이 가속화되어 자본과 소유가 집중되고 소생산자들의 지위가 위협받는 19세기에 혁명기 민중 운동의 이상과 산악파의 실험은 초기 사회주의의 주장들 속에서 되살아났다.

민중 운동과 공포정치의 성격과 그에 대한 평가를 두고서는 상반된 견해들이 존재한다. 전통적인 견해는 공포정치가 무엇보다 예외적인 '상황'의 산물이었다는 것이다. 즉 혁명 정부는 사회 위기, 반혁명, 내전, 외적의 침입에 직면하여 군사적 승리를 확보하고 공공 안녕을 회복하기 위해 공포정치 외에는 선택권이 없었다는 것이다. 그러한 견해에 따르면 혁명 정부는 반혁명 혐의자 색출과 처벌, 그리고 통제 경제를 통해 반란을 진압하고 국경에서 승리를 거둘 수 있었고, 결국 혁명을 구원했다.

그러나 이러한 공포정치의 의의를 순순히 인정하기에는 공포정치에 의한 희생이 너무나 컸다. 한 연구에 따르면 공포정치 기간에 혁명 재판소에서 사형을 선고받고 처형된 사람은 1만 6594명, 수감 중 옥사한 사람은 1만~1만 2000명, 내전 상태에서 재판 없이 처형된 사람이 또 1만~1만 2000명이었다. 이러한 희생은 불가피한 것이 아니었다. 많은 사람들이 내전을 종식시키기 위한 전투 과정이 아니라 진압 후의 잔혹한 탄압 중에 희생되었다.

이러한 혁명의 양상에 주목하는 역사가들은 반혁명과 외적의 침입은 공포정치의 원인이 아니라 구실에 불과했다고 주장한다. 이들의 주장에 따르면 공포정치의 폭력성은 프랑스 혁명 자체를 특징짓는 '국민 주권' 개념과 '인간 재생' 이념의 산물이었다. 1789년 혁명과 함께 국왕 주권의 자리를 대신한 국민 주권은 국왕 주권과 마찬가지로 나누어질 수 없는 절대적인 것이 되었다. 따라서 국민 주권의 개념은 국민 내부의 반대나 갈등을 용인할 수 없었고 따라서 특수 의지나 분파적 이익을 죄악시하고 그것을 끊임없이 배제하고자 했다. 또한 인간 재생 이념에 따르면 국민 주권에 대한 반대와 저항은 사악한 의지, 사적이고 재생되지 않은 의지, 과거 역사에 의해 타락한 의지에 의한 것이었고, 덕 있는 시민은 이러한 의지의 배후에 있는 반혁명 세력과 투쟁해야 했다. 공포정치를 특징 짓는 의회와 민중 운동 내의 반복적 숙청, 반대파를 특권층으로 지목하여 폭력적으로 제거하는 것은 국민 주권과 인간 재생 이념의 이러한 속성에 의한 것이라고 주장했다.

이 두 번째 견해는 공포정치가 이미 1789년 혁명의 이념 안에 잠재되어 있었다고 주장함으로서 혁명 자체의 의의를 부인한다. 이에 대해 또 다른 역사가들은 공포정치의 적극적인 역사적 의의, 예컨대 민중적·사회적 진보성은 인정하지 않으면서도 1789년 혁명의 성취를 강조하고 그것과 공포정치를 분리하고자 한다. 이들에 따르면 공포정치의 사상이 1789년의 정치 문화 안에 이미 포함되어 있었다 할지라도 지속적인 반혁명의 위협과 전쟁 같은 공포정치의 조건들이 없었다면 공포정치는 출현하지 않았을 것이다. 즉 공포정치의 가능성과 그것의 실현을 혼동해서는 안 된다는 뜻이다.

사실 공포정치를 낳은 혁명기 상황의 위중함을 인정하더라도, 산악파는 사실상 스스로 이상으로 생각하는 새로운 사회를 창조하기 위한 수단으로 공포정치와 탄압을 이용한 만큼 공포정치를 국가 방어를 위한 것이라고 정당화할 수만은 없다. 게다가 1793~1794년의 공포정치는 민중의 요구로 시작되었으나 궁극적으로 소수의 권력 독점과 민중 운동의 무력화로 귀결되었다.

프랑스 혁명의 구호인 자유·평등·우애는 일거에 성취되지 않았다. 민중은 부르주아 혁명의 한계를 넘어 스스로 그 권리를 쟁취해야 했다. 그런가 하면 혁명의 가장 급진적인 단계에서도 인구의 절반인 여성은 시민의 권리를 얻지 못했다. 여성들은 혁명 초기부터 시위에 앞장서고 의회의 방청석을 메웠다. 또 '혁명적 공화주의 여성 시민 클럽'을 조직하는 등 적극적으로 혁명에 참여했다. 그러나 남성 혁명가들은 자녀 양육과 가사 노동이 자연이 명령한 여성의 역할이라고 주장하며 여성을 공적인 영역과 정치 활동에서 배제했다. 혁명이 가장 급진화한 1793년 10월 국민공회는 법으로 여성의 정치 클럽을 금지하고 청원권을 박탈했다.

다른 한편 1789년의 인권 선언은 만인의 자유를 주장하면서도 노예의 해방을 언급하지 않았다. 1789년 서인도 제도의 프랑스 식민지에는 40만 명에 이르는 노예가 사탕수수 농장에서 일하고 있었다. 1788년 설립된 '흑인의 벗 협회'는 노예제와 노예 무역 폐지를 주장했으나 제헌의회는 이를 받아들이지 않았다. 제헌의회는 1791년 9월 "프랑스에 들어오는 사람은 누구든 피부색에 상관없이 자유로우며 헌법이 확립한 모든 권리를 누릴 수 있다."고 선언했지만 동시에 식민지는 이 헌법에 포함되지 않는다고 선언했다. 그러나 1791년 여름 서인도 제도의 최대 식민지인 생도맹그(아이티)의 노예와 자유 유색인(gens de couleur libres, Free people of color, 프랑스 식민지에서 물라토(mulato) 등의 혼혈인과 해방 노예처럼 신분은 자유롭지만 아프리카 혈통을 지닌 모든 사람을 지칭하던 용어)들은 자유를 쟁취하고자 무장 반란을 일으켰고 1794년 2월 국민공회가 법으로 노예제를 폐지한 것은 식민지가 스스로 쟁취한 것을 사후에 인정한 데 불과했다.

　혁명기에 프랑스인들은 자유와 평등, 그리고 우애를 주장했다. 그러나 이러한 가치들은 일거에, 중단 없이, 아무런 회의와 방해 없이 실현될 수는 없었다. 수동 시민, 노예, 여성은 혁명 기간 내 대부분의 시기에 혁명이 인정하는 권리들을 누리지 못했다. 또 혁명은 격렬한 내분과 잔인한 탄압으로 얼룩진 시기이기도 했다. 프랑스 혁명은 스스로 주창했던 이상을 완전히 실현했거나 전적으로 실패한, 완결된 사건이 아니다. 프랑스 혁명의 의의는 차라리 새로운 인간과 사회를 향한 다양한 희망이 폭발하고 그 희망을 적극적으로 시험한 시기라는 데서 찾을 수 있다. 법률이나 선언이 혁명의 전부는 아니었다. 법률이나 선언이 혁명의 성과를 공식화하고 마무리하고자 할 때 그것에 만족할 수 없는 사람들은 새로운 가능성을 제시하고 그것을 스스로 쟁취하고자 했다. 따라서 혁명이 낳은 것은 자유·평등·우애가 아니라 그것을 향한 무한한 희망과 욕구, 그리고 끊임없는 투쟁이라 할 수 있다.

3

1848년 혁명은
실패한 혁명일까?

- 빈 체제란 무엇이며 왜 저항에 직면했을까?
- 1848년 2월 프랑스에서는 왜 다시 혁명이 일어났을까?
- 합스부르크 제국, 이탈리아, 독일에서는 왜 혁명이 일어났을까?
- 영국에서는 왜 혁명이 일어나지 않았을까?

빈 체제란 무엇이며 왜 저항에 직면했을까?

1814년 나폴레옹이 폐위되어 엘바 섬에 유배된 후 유럽 각국의 대표들은 나폴레옹 전쟁을 수습하고 유럽을 재편하기 위해 오스트리아의 수도 빈에 모였다. 오스트리아의 외무 대신이었던 '복고 정신의 화신' 메테르니히, 영국의 외무대신 카슬레이(Robert Stewart, Viscount Castlereagh, 1769~1822), 러시아의 알렉산드르 1세(Alexandr I, 1777~1825), 프랑스의 탈레랑(Charles-Maurie de Talleyrand-Périgord, 1754~1838)이 빈 회의의 주역이었다. 빈 회의는 1815년 3월 나폴레옹이 엘바 섬을 탈출하여 제위에 복귀함으로써 중단되기도 했으나 그해 6월 121개 조항으로 이루어진 최종 의정서를 채택했다.

빈 회의를 지배한 정신은 '신성한 정통성의 원리'였다.

빈 회의는 프랑스 혁명 전의 상태를 '정통'으로 보고 유럽을 1789년 이전으로 되돌리고자 했다. 그에 따라 나폴레옹 전쟁 기간에 폐위된 유럽의 여러 왕실이 복귀했고 영토가 재조정 되었다. 또한 빈 회의의 정신에 따르면 프랑스 혁명 이전 유럽 사회의 토대는 군주의 권위에 대한 복종, 통치자의 정통성에 대한 존중, 기독교 신앙의 고수였다. 이러한 유럽 사회의 기반은 국내 세력들 사이의 균형으로 질서를 유지하고 국가 사이의 세력 균형으로 전쟁과 침략을 억제함으로써 보존할 수 있었다. 그에 따라 오스트리아, 러시아, 프로이센, 영국은 유럽의 패권을 나누어 갖고 균형을 유지하고자 했다. 이를 위해 러시아의 알렉산드르 1세, 오스트리아의 프란츠 1세(Franz I, 1768~1835, 신성로마 황제 재위 1792~1806, 오스트리아 황제 재위 1804~1835), 프로이센의 프리드리히 빌헬름 3세(Friedrich Willhelm III, 1770~1840, 재위 1797~1840)는 1815년 9월 기독교적 형제애에 따라 서로 협력하여 신앙, 평화, 정의를 수호한다는 내용의 '신성 동맹'을 체결했다. 이어 그해 11월에는 영국, 오스트리아, 러시아, 프로이센이 전시 동맹 관계를 계속 유지하기 위해 '4국 동맹'을 체결했다. 1818년 프랑스가 동등한 자격으로 가입하면서 4국 동맹은 5국 동맹으로 확대되었다. 유럽의 열강들은 이러한 '유럽 협조 체제'

를 통해 프랑스 혁명으로 성장한 자유주의와 민족주의의 확산을 저지하고 보수적인 체제를 유지하고자 했다.

그러나 곧 유럽 도처에서 빈 체제에 대한 저항이 터져 나왔다. 독일에서는 대학생들이 부르셴샤프트(Burschenschaft, 학생 조합)를 조직해 자유주의와 민족주의 운동에 앞장섰다. 예를 들어 이 운동의 중심이었던 예나(Jena) 대학의 부르셴샤프트는 '명예, 자유, 조국'을 표어로 내걸었고, 학생들은 애국심에 불타 옛 독일식으로 머리와 수염을 기르고 중세 독일의 영광을 찬양하는 동시에 프랑스어를 사용하지 않으려 했다. 1817년 10월 대학생들은 루터가 성서를 번역했던 튀링엔(Thüringen) 지방의 바르트부르크(Wartburg) 성에서 종교 개혁 300주년과 프로이센·오스트리아·러시아 연합군이 나폴레옹 군대를 격퇴한 라이프치히(Leipzig) 전투[6] 4주년을 기념하는 축제를 열었다. 전국의 13개 대학에서 1300여 명의 학생들이 모였고 그중 일부는 반자유주의적 서적과 침략의 상징인 『나폴레옹 법전(*Code Napoléon*)』, 군국주의의 상징인 프로이센 기사의 갑옷과 창 등을 불태우기도 했다. 1819년에는 예나 대학

---

6) 1813년 10월 16~18일 프랑스 군과 대프랑스 동맹군 사이에 벌어진 전투. 나폴레옹은 이 전투에서 패배한 후 이듬해 4월 폐위되어 엘바 섬에 유배되었다.

의 한 학생이 러시아 황제의 첩자라고 의심받던 극작가 코체부(August von Kotzebue, 1761~1819)를 살해하는 사건이 발생했다. 이 사건을 계기로 메테르니히는 독일의 여러 군주들과 함께 '카알스바트(Karlsbad) 법령'을 공표했다. 이 법령으로 부르센샤프트는 해산되어 지하로 잠적했고, 학생과 교수에 대한 감시와 신문과 출판물에 대한 검열이 강화되는 등 탄압 정책이 극렬해졌다.

10여 개의 군소 국가로 분열된 채 오스트리아의 지배를 받고 있던 이탈리아에서는 자유와 통일을 추구하는 '카르보나리(Carbonari)'라는 비밀 결사가 결성되었다. 카르보나리는 1820~1821년 외국의 지배에서 벗어나 이탈리아 공화국을 건설할 것을 주장하며 나폴리와 피에몬테에서 반란을 일으켰으나 오스트리아 군에 의해 진압되었다. 1823년에는 에스파냐의 자유주의자들이 1812년 헌법을 수호하기 위해 국왕 페르난도 7세(Fernando VII, 1784~1833, 재위 1808, 1814~1833)에게 항거했다. 1812년 헌법은 국민 주권을 선언하고 매우 높은 비율의 남성 인구가 의회 선거권을 갖는 의회 군주정을 확립했다. 그러나 프랑스의 루이 18세(Louis XVIII, 1755~1824, 재위 1814~1824)는 20만의 군대를 파견해 페르난도 7세의 통치권을 강화시켰다.

처음으로 빈 체제에 성공적인 타격을 가한 것은 그리스였다. 15세기 이래 오스만 제국[7]의 지배를 받아 온 그리스는 1821년 봉기를 일으켰다. 메테르니히는 오스트리아에서 슬라브 민족주의가 대두할 것을 우려하여 현상 유지를 고집했고, 영국은 오스만 제국이 동부 지중해로 진출하려는 러시아의 의도를 저지할 방벽이라고 생각하여 그리스에 대한 지원을 거부했다. 그러나 유럽의 지식인들은 그리스를 유럽 문명의 기원으로 보고 그리스의 자유와 독립에 공감했다. 영국의 낭만주의 시인 바이런(George Gordon Byron, 1788~1824)은 그리스인의 대의를 지지하며 독립 전쟁에 참전했다가 1824년 열병에 걸려 사망했다. 그의 참전과 사망은 그리스의 독립에 대한 유럽인들의 열정에 불을 질렀다. 1826년에 봉기는 진압되는 듯했으나 1827년 러시아, 영국, 프랑스가 공동으로 그리스를 원조하여 참전했다. 러시아는 그리스가 독립하면 지중해로 진출할 수 있으리라는 계산에서, 영국과 프랑스는 러시아의 세력 확장을 염려해서 참전했다. 결국 1829년 오스만 제국은 그리스의 독립을 인정하였다.

---

7) 1299년부터 1922년까지 오스만 왕조가 통치한 이슬람 제국. 수도는 이스탄불이며 전성기였던 16~17세기에는 동서로는 모로코에서 아제르바이젠, 남북으로는 우크라이나에서 예멘에 이르는 광대한 영토를 다스렸다.

다음 해인 1830년에는 프랑스에서 혁명이 발발했다. 나폴레옹이 몰락한 후 프랑스에서는 루이 16세의 동생들이 차례로 루이 18세와 샤를 10세(Charles X, 1757~1836, 재위 1824~1830)로 즉위했다. 프랑스의 패전 후 대 프랑스 동맹국들의 지원을 받아 돌아온 복고 왕정은 프랑스 국민으로부터 크게 환영받지 못했다. 루이 18세는 국민의 차가운 시선을 의식하여 종교의 자유, 법 앞의 평등, 재산 제한 선거제에 따른 대의제 등 혁명의 획득물을 부분적으로 수용했다. 특히 그는 혁명 중 교회 토지와 망명 귀족의 토지 몰수와 매각에 따른 토지 소유권의 변화를 그대로 인정했다. 반면 형보다 훨씬 보수적이었던 샤를 10세(아르투아 백작)는 1820년 차남 베리 공작이 자유주의자에게 암살당한 후 더욱 완강해졌다.

샤를 10세는 1824년 즉위한 후 혁명 중 망명하여 토지를 잃은 귀족들에게 보상해 주기 위해 '망명 귀족의 10억 프랑법'을 통과시켰다. 이는 혁명기에 몰수당한 망명 귀족의 재산을 영구 연금 형태로 보상해 주는 법으로서 정부는 자금 마련을 위해 이미 발행한 국채의 이자를 5퍼센트에서 3퍼센트로 인하했다. 그 결과 샤를 10세는 국채를 소유한 자본가와 중산층 시민의 반감을 사게 되었다. 이러한 여론은 1827년 총선에서 과격 왕당파의 패배로 표출되었다. 그러나 샤를 10

세는 이를 무시하고 과격 왕당파 폴리냐크(Jules de Polignac, 1780~1847)를 총리로 임명하고 1830년 의회가 폴리냐크 정부에 대한 불신임안을 통과시키자 의회를 해산했다. 그러나 새로운 선거에서도 자유주의자들이 대승을 거두자 샤를 10세는 극단적인 언론 탄압, 막 선출된 의회의 해산과 새로운 선거, 다수의 시민으로부터 선거권을 박탈하는 선거권 제한 등을 내용으로 한 칙령을 발표했다. 이에 자유주의 언론인, 의회주의자, 학생 들이 봉기했다. 이 봉기는 곧 경제 상황 악화로 고통받고 있던 수공업자, 소상인, 다른 하층 계급의 지지를 받았다. 1830년 7월 27일부터 29일까지 '영광의 3일'간의 시가전 끝에 샤를 10세는 퇴위하여 영국으로 망명하였고 복고 왕정은 무너졌다. 혁명이 성공한 후 혁명 세력은 공화정을 요구하는 과격파와 입헌 군주정을 원하는 온건파로 나뉘었다. 대세는 온건파로 기울어 오를레앙 공(公) 루이 필리프(Louis Philippe d'Orléans, 1773~1850)가 '프랑스인의 왕'으로 추대되었고, 프랑스 혁명 때 출현했던 삼색기가 다시 국민적 상징이 되었다. 루이 필리프가 왕이 된 데는 그의 아버지의 후광이 크게 작용했다. 그의 아버지는 루이 16세의 사촌이면서 프랑스 혁명에 참여하여 '평등공 필리프'라는 별칭을 얻었지만 공포정치 시기에 처형된 오를레앙 공작 필리프였다.

프랑스 7월 혁명의 불꽃은 외국의 지배를 받고 있던 유럽의 다른 지역으로 옮겨붙었다. 먼저 1830년 8월 벨기에에서 반란이 일어났다. 가톨릭 국가였던 벨기에는 빈 회의의 결정에 의해 프로테스탄트 국가인 네덜란드의 지배를 받고 있었다. 벨기에인들은 네덜란드 군을 격파하고 그해 11월 전국 회의를 소집한 뒤 독립을 선언했다. 1830년 10월에는 폴란드인들이 러시아에 대항해 봉기했다. 폴란드 의회는 러시아 군을 물리치고 1831년 1월 폴란드 국가의 재건을 선포했지만 결국 압도적 힘을 보유한 러시아 군에 패해 다시 러시아의 지배를 받게 되었다.

빈 체제에 대한 저항의 원동력이 된 이념은 자유주의와 민족주의였다. 자유주의자들이 옹호한 것은 1789년 프랑스 인권 선언에 담긴 가치였다. 즉 사상과 종교의 자유, 몸의 자유, 언론·출판·집회의 자유, 권리의 평등, 법치주의, 입헌주의, 재산에 따른 제한 선거에 토대를 둔 대의제 등이 자유주의의 내용이었다. 프랑스 혁명에서 프랑스인들이 주장한 인간의 권리가 인간의 보편적인 권리로 인식되고 유럽 여러 나라에서 해방의 원리로 추구되기에 이른 것이다.

보수 반동적인 빈 체제에 대한 저항의 또 다른 이념적 원동력이었던 민족주의 역시 프랑스 혁명의 산물이었다. 프랑스 혁명은 봉건적 신분제를 철폐하고 같은 법의 지배를 받고 단일한 의회에 의해 대표되는 평등한 국민의 형성을 가능하게 했다(그런 점에서 '혈통'이나 '인종'의 어감이 강한 '민족주의' 보다는 '국민주의'라는 표현이 더 적절하다). 국민의 일체감을 형성하고 자극하는 것은 인권 선언이 제시한 인간 보편의 권리들이었다. 따라서 프랑스 혁명에서 자유주의와 민족주의는 긴밀하게 결합되어 있었다.

민족주의는 나폴레옹 전쟁과 함께 전 유럽으로 확산되었다. 그러나 동시에 유럽에서 민족주의는 나폴레옹 제국의 국제주의에 반항하는 운동이기도 했다. 따라서 나폴레옹 제국 시기의 민족주의는 강대국으로부터의 해방과 자국의 특수한 제도, 관습, 역사적 발전의 가치를 강조하는 이념으로 나타났다. 동시에 그러한 가치를 실현하기 위해 봉건제에서 해방된 단일한 국민의 형성이 추구되었다. 따라서 19세기 전반기에 민족주의는 자유주의 이념과 결합되어 있는 경우가 많았다. 예를 들어 1829년 오스만 제국의 지배에서 벗어난 그리스는 독일의 영방(領邦) 국가 중 하나인 바이에른(Bayern)의 오토(Otto Friedrich Ludwig von Wittelsbach, 1815~1867, 그리스 국왕 재위 1832~1862)를 국왕으로 맞았으나 1843년 국왕의 절대주의에 항거하는 봉기가 일어나 대의제 정부가 수립되었다. 또 1830년 독립을 선언한 벨기에의 헌법은 몸의 자유, 의사 표현과 종교의 자유, 법 앞의 평등, 의회와 국왕의 권력 관계, 선거권에 대한 재산 자격 규정 등을 명시하고 있었다.

그러나 자유주의와 민족주의가 늘 결합되어 있었던 것은 아니며 민족의 해방을 추구하면서도 자유주의적 개혁 없이 민족의 이익과 특수성만을 강조하거나 자민족의 이익을 내세워 다른 민족의 독립이나 개혁을 가로막는 경우도 있었다. 예를 들어 1830년 러시아에 대항해 반란을 일으킨 폴란드의 귀족은 농민을 농노 신분에서 해방시키려 하지 않았다. 대토지를 소유한 귀족의 지배 아래 과중한 봉건적 부담을 짊어지고 있던 농민은 반란에 합세하기를 거부했다. 반란이 실패하고 폴란드가 더욱 심각한 러시아의 압제 아래 놓이게 된 것은 이러한 정황에 기인하는 것이기도 했다.

1848년 2월 프랑스에서는 왜 다시 혁명이 일어났을까?

1830년 7월 혁명으로 수립된 프랑스의 7월 왕정은 복고 왕정에 비하면 자유주의적이었으나 선거권은 여전히 매우 제한되어 있었다. 예를 들어 복고 왕정은 만 30세 이상 연 300프 랑 이상의 직접세를 납부하는 남성에게 선거권을 부여했다. 이 조건을 충족하는 선거권자는 11만 명에 불과했다. 반면 7월 혁명 직후인 1831년에는 선거권자의 납세액이 200프랑으로, 2월 혁명 전해인 1847년에는 100프랑으로 인하되었다. 그래 도 선거권자는 각각 16만, 26만에 불과했고, 이는 전체 인구 의 1퍼센트에도 못 미치는 수였다.

또 다른 7월 왕정기의 두드러진 사회적 특징은 산업 노동 자의 증가였다. 1848년에 전체 500만~600만의 노동자 가운 데 130만 명이 근대적 공장에서 일했다. 몰락한 수공업자, 땅 과 일거리를 잃고 농촌을 아주 떠나야 했던 농민, 계절별 이 주 농민으로 이루어진 이들은 수공업자보다 임금도 낮았고, 노동 환경과 생활 조건도 훨씬 가혹했다. 7월 왕정기의 의회 는 이들의 상황을 개선할 수 있는 법률 제정에 관심을 갖지 않았고, 노동자의 단결과 동맹파업을 법으로 금지했다. 노동 자들의 열악한 상황은 '사회 문제'를 야기했고, 노동자들은 스 스로 그것을 타개하고자 했다. 예를 들어 노동자들은 상호 부 조를 위한 협동조합을 조직해 단결하였고, 1830년대에만도 수차례 대규모 파업을 일으켜 근대 기계의 설치에 반대하고 생활 조건 개선을 요구했다. 또한 여러 갈래의 사회주의 사상의 영향을 받아 점차 정치세력으로 대두하였다.

1846년 가을 감자의 병충해로 대흉작이 들었다. 빵 가격이 급등했고, 일부 지방에서는 봉기가 일어났다. 농업의 위기는 수공업, 공업, 은행, 주식 시장의 위기로 확대되었고, 농민과 노동자의 상태는 더욱 악화되었다. 그러한 위기 속에서 정치·사회 개혁에 대한 요구는 점점 높아갔지만 정부는 개혁을 완강히 거부했다.

반정부 세력의 불만은 선거권 확대 요구로 집중되었다. 1847년 7월경부터 선거 개혁을 위한 정치 연회 운동이 시작되었다. 연회는 사실상 개혁을 요구하는 강연회로서 그해 12월까지 70여 회 조직되었다. 그러나 7월, 왕정의 수상 기조(François Guizot, 1787~1874)는 선거권 확대 요구에 대해 "부자가 되어라. 그러면 투표할 수 있다."고 답했다. 1848년 2월 22일 파리에서 대대적인 연회가 계획되었다. 기조는 연회를 금지하였으나 이에 항의하는 집회와 시위가 확산되었다. 학생, 노동자, 수공업자, 소상점주들은 거리에 방벽을 세우고 진압 병력과 시가전을 벌였다. 2월 24일 시청이 점령되고 왕의 거처가 습격을 받자 루이 필리프는 왕위에서 물러났다.

왕정이 붕괴된 후 10인으로 구성된 임시 정부가 수립되었다. 임시 정부에는 라마르틴(Alphonse de Lamartine,

1790~1869), 르드뤼롤랭(Alexandre-Auguste Ledru-Rollin, 1807~1874), 가르니에파제(Louis-Antoine Garnier-Pagès, 1803~1878), 아라고(François Arago, 1786~1853)와 같은 자유주의적 공화파와 루이 블랑(Louis Blanc, 1811~1882), 기계공 알베르로 불린 알렉상드르 마르탱(Alexandre Martin, 1815~1895) 같은 사회주의자들이 참여했다. 자유주의적 공화파는 혁명 전부터 《국민(*Le National*)》지(紙)를 중심으로, 사회주의자들은 《개혁(*La Réform*)》지를 중심으로 활동했는데, 전자가 임시 정부에서 다수파를 이루었다. 자유주의적 공화파가 우위를 차지한 임시 정부의 성격은 국기 선택에서도 드러났다. 2월 25일 무장한 군중은 임시 정부가 자리 잡은 시청으로 밀고 들어와 적색기를 공화국의 깃발로 채택할 것을 요구했다. 그들에 따르면 적색기는 "우리의 가난의 상징이자 과거와의 결별의 상징"이었다. 그러나 자유주의적 공화파의 지도자 라마르틴은 강렬한 웅변으로 이 요구를 물리쳤다. 그에 따르면 적색기는 한 파벌의 깃발, 피의 깃발인 반면 삼색기는 조국의 이름, 조국의 영광, 조국의 자유와 함께 세계를 일주한 깃발이었다.

임시 정부의 과업은 가능한 한 빨리 새로운 공화국 헌법을 제정할 국민의회 선거를 치르는 것이었고 임시 정부는 그때까지 반혁명으로부터 공화국을 지켜야했다. 그에 따라 임시 정부는 곧 개혁 조치들을 단행했다. 임시 정부는 유럽에서 최초로 성인 남성의 보통 선거를 도입했고, 언론의 전면적인 자유와 집회의 자유를 보장했다. 또 식민지의 노예제와 정치범의 사형 집행을 폐지했고, 하루 25프랑의 의원 수당을 설정하여 부유하지 않은 사람도 의원직을 수행할 수 있게 했다.

임시 정부는 바리케이드 투쟁의 주역인 노동자들의 여러 요구를 받아들여야 했다. 나아가 임시 정부 내 사회주의자들은 자신들의 정부 내 지위와 권력을 통해 노동자의 상황을 즉각 개선할 수 있으리라 확신했다. 그에 따라 임시 정부는 모든 시민의 노동권을 보장하고 노동자의 결사의 자유를 인정하겠다고 약속했다. '노동권'은 노동에 의한 노동자의 생계 보장을 약속하는 것으로서 프랑스 혁명기 산악파와 민중 운동의 영향 아래 제정된 1793년 헌법 조항이 부활한 것이었다. 또한 노동자의 결사의 자유를 인정하는 것은 역시 프랑스 혁명기 제헌의회가 제정한 법으로서 노동자의 결사를 금지한 '르샤플리에 법'의 철폐를 의미하는 것이었다. 임시 정부는 '노동부'를 창설하라는 노동자들의 요구는 받아들이지 않았지만, 대신 '노동자를 위한 정부위원회'라는 상설 위원회를 구성했다. 뤽상부르 궁에 위치하여 '뤽상부르 위원회'로 알려진 이

위원회는 노동 계급의 형편을 연구하여 정부에 개선책을 건의하는 임무를 맡았다. 위원회의 제안으로 임시 정부는 노동 시간을 11시간에서 10시간으로 줄였다.

노동자들과의 약속을 지키기 위해 임시 정부가 취한 조치 중 가장 주목할 만한 것은 '국민 작업장(Ateliers Nationaux)'의 창설이었다. 국민 작업장은 사회주의자 루이 블랑이 혁명 전부터 주장한 '사회 작업장(Ateliers Sociaux)'을 변형한 것이었다. 사회 작업장은 업종별로 조직되는 협동조합으로서 국가가 장소를 제공하고, 상품과 용역을 주문하면 숙련 노동자가 자신의 전문적인 기술을 살려 노동하는 작업장이었다. 사회 작업장에서 노동자는 스스로 노동을 조직하고 생산을 관리할 것이었다. 루이 블랑은 민주적으로 선출된 정부는 계급 지배의 수단이 아니라 민중의 수호자이자 개혁의 도구가 될 수 있다고 믿었다. 이러한 정부의 지원을 받는 사회 작업장은 폭력적 변혁 없이 개인 작업장을 평화적으로 흡수함으로써 장기적으로 경쟁적 자본주의를 협동적 공장과 시설로 대치할 수 있을 것이었다.

그러나 임시 정부가 설립한 국민 작업장은 애초에 루이 블랑이 구상한 사회 작업장과는 거리가 멀었다. 그것은 실업자를 채용하여 기차역, 플랫폼이나 도로 건설 같은 단순한 토목

공사에 동원하고 일당을 지급하는 취로 사업(생계 지원 사업)장에 불과했다. 국민 작업장은 노동자들과 사회주의자들에게 불만족스러운 것이었지만 혁명을 전후한 실업 사태로 6월까지 약 12만의 노동자가 국민 작업장으로 몰려들었다. 그러나 다수의 프랑스인들은 국민 작업장을 의혹의 눈길로 바라보았다. 임시 정부가 토지세를 45퍼센트나 인상하자 농민들은 자신들의 세금이 실업자를 부양하는 데 사용된다고 분노했다. 부르주아지는 노동자가 국민 작업장에서 받는 수당은 파업 보조금이 되고 국민 작업장은 급진주의의 온상이라고 주장하며 적대감을 품었다.

1848년 4월 23일에서 24일까지 성년 남자 보통 선거로 실시된 제헌의회 선거에서 자유주의적 온건 공화파가 다수를 차지했다. 임시 정부는 더 보수적인 방향으로 바뀌고 루이 블랑과 알베르는 임시 정부를 떠났다. 의회의 다수파는 국민 작업장이 국가 재정의 낭비이며 사회 질서에 대한 위협을 내포하고 있다고 판단했다. 5월 15일 파리 노동자들이 러시아에 대항해 반란을 일으킨 폴란드를 군사적으로 지원할 것을 요구하며 시위를 벌이고 의회를 침입하자 의회는 이 사건을 이용해 국민 작업장 폐쇄를 명령했다. 그리고 새로운 정부는 국민 작업장에 등록된 노동자들에게 군에 입대하거나 솔로뉴

(Sologne)나 랑드(Lande) 지방으로 가서 황무지를 개간하라고 명령했다. 국가가 제공하는 일자리와 생존의 기회를 잃은 노동자들은 봉기를 조직했다. 6월 23일에서 26일까지 노동자들은 다시 바리케이드를 치고 군대에 맞서 저항했다. 노동자들의 봉기는 온건 공화파와 사회 질서를 원하는 사람들에게 프랑스 혁명기의 혁명력 2년, 즉 1793~1794년의 급진 혁명을 상기시키는 것이었다. 급진 혁명에 대한 두려움은 가혹한 진압으로 이어졌다. 봉기 가담자 3000명이 살해되었고 1만 2000여 명이 체포되어 그중 다수가 알제리 강제 노동 수용소로 추방되었다.

2월 혁명은 자유주의적 개혁에 대한 요구로 인해 발발했다. 또한 7월 왕정기 '사회 문제'의 대두로 인한 사회 개혁의 요구 역시 혁명의 주요 요인이었다. 그러나 혁명 이후의 과정과 특히 6월 봉기는 지배 이념이 된 자유주의의 보수성을 드러냈다. 자유주의 이념은 봉건제와 전제정에 대항해 시민의 여러 자유, 권리의 평등, 정부 권력의 제한을 요구할 때에는 진보적이었다. 그러나 자유주의는 재산과 교양을 지닌 사람만이 입법과 정치에 참여할 수 있다고 보고 정치적·사회적 평등을 인정하지 않았다는 점에서 보수적인 성격을 내포하고 있었다.

자유주의의 이러한 특성은 7월 왕정의 수상이었던 기조가 2월 혁명 직후인 1849년에 발표한『프랑스의 민주주의(De La démocratie en France)』에서 잘 드러난다. 그는 비록 2월 혁명으로 정치 무대의 중심에서 물러났지만 1789년 혁명의 유산이자 19세기 전반 빈 체제에 대한 저항의 이념이었던 자유주의의 성격을 정확히 구현한 인물이었다. 그에 따르면 프랑스 시민 사회의 본질적 특징은 "법률의 단일성"과 "권리의 평등"으로 어떠한 특별한 법률, 특별한 권리도 존재할 수 없었다. 그러나 그러한 시민적 평등의 한복판에 무수히 많은 다양성과 불평등이 존재한다.

"어떤 이들은 지성과 바른 품행에 의해 자본을 창출하고 안락과 진보의 길로 접어든다. 그러나 다른 이들, 즉 시야가 좁고 게으르고 무절제한 이들은 그저 급료에만 의존하는 옹색하고 불안한 존재 조건 안에 남아 있다."

기조에 따르면 이러한 불평등은 모든 인간 사회에서 자연적으로 출현하는 보편적인 사실이며, "신의 섭리," "인간의 천성," 그리고 "인간 운명의 미스터리"에 속하는 것이었다. 그는 자유와 권리의 평등을 옹호하되 1793년의 인권 선언이 내포하는 민주주의와 사회적 평등은 거부했다. 이것은 곧 19세기 전반 자유주의자들의 특징이었다. 프랑스 혁명 전으로의 복귀를 강요하는 빈 체제에 저항할 때 자유주의자들은 진보적이었다. 그러나 "신의 섭리"이자 "인간의 천성"에 속하는 사회적 불평등에 항의하는 이들 앞에서 그들은 더 이상 진보적일 수 없었다.

따라서 자유주의는 승리와 더불어 동시에 도전에 직면했다. 그것은 한편으로는 민주주의, 다른 한편으로는 노동 운동과 사회주의의 도전이었다. 특히 6월 봉기에서 나타난 폭력적 대립으로 자유주의자들과 프랑스인 대다수는 더욱 보수화했다. 그 결과는 그해 12월 루이 나폴레옹의 대통령 선출이었다. 나폴레옹 보나파르트의 조카라는 것 외에는 알려진 것이 거의 없던 그에게서 프랑스인들은 안정과 질서를 기대했고, 프랑스의 영광이 되살아나기를 꿈꾸었다. 대통령이 된 루이 나폴레옹은 1851년 12월 쿠데타를 일으켜 의회를 해산하고 국민 투표를 통해 임기를 10년 연장했다. 그는 여기에 만족하지 않고 이듬해 다시 쿠데타를 일으켜 황제로 즉위함으로써 제2제정을 열었다.

합스부르크 제국, 이탈리아, 독일에서는 왜 혁명이 일어났을까?

1848년 프랑스의 2월 혁명은 오스트리아가 지배하는 합스부르크 제국 전역 즉 빈, 프라하, 헝가리, 이탈리아, 그리고 독일로 확산되었다. 이 나라들에서 혁명은 자유주의적 개혁을 요구하는 것이자 오스트리아로부터의 해방 혹은 분열된 국가의 통일을 추구하는 것이었다.

2월 혁명의 영향은 곧 프랑스에 인접해 있는 독일 연방으로 파급되었다. 독일에서도 1840년대는 산업화로 인해 사회가 심각한 변화를 겪은 시기였다. 특히 전통적 수공업자들은 근대적 기술 발전 속에서 시장을 잃고 지위가 하락하여 실업과 빈곤으로 고통받았다. 농민들도 어려운 상황에 처했다. 엘베 강 동쪽에서는 19세기 전반에 융커(Junker, 프로이센의 토지 귀족)의 대농장이 확대되면서 많은 농민이 토지를 잃고 농업 노동자로 전락했다. 소토지 소유가 지배적이었던 서부와 남부 독일에서는 인구가 급증하면서 토지 소유가 더욱 세분화되어 농민의 생활 수준이 하락했고 남아 있던 봉건적 부과조에 대한 불만이 격화되었다. 게다가 1845년과 1846년 감자 수확이 병충해로 큰 손상을 입었고 이듬해에는 심한 가뭄이

겹치면서 무서운 기근이 독일을 휩쓸었다. 이러한 사회적 위기와 그로 인한 불만 속에서 자유주의자들의 개혁 요구는 도시와 농촌의 지지를 얻었다.

먼저 2월 말 독일 연방 중 하나인 바덴(Baden)의 여러 도시에서 군중은 전 독일을 대표하는 대의 기구 구성, 출판의 자유, 배심제 도입, 결사의 자유를 요구하며 시위를 벌였다. 이 4대 요구는 독일 3월 혁명의 주요 목표가 되었다. 농촌에서도 곧 소요가 시작되었다. 농민들은 봉건적 세금과 부역의 폐지를 요구했고 때때로 영주의 저택을 습격하여 파괴했다. 이러한 상황에서 각 연방의 군주들은 오랫동안 거부해 오던 여러 개혁을 승인할 수밖에 없었다.

프로이센의 수도 베를린에서는 3월 중순 혁명이 시작되었다. 베를린에서는 심각한 경기 침체의 영향으로 3월 들어 수천 명의 노동자가 해고되었고, 오스트리아 빈의 혁명 소식이 전해진 3월 15일 군중과 군인이 충돌했다. 왕궁 앞에 모여 개혁을 요구하다 물러나던 군중을 향해 군대가 발포하자 이에 분노한 군중은 바리케이드를 세우고 시가전을 벌였다. 결국 프리드리히 빌헬름 4세(Friedrich Wilhelm IV, 1795~1861, 재위 1840~1861)는 베를린에서 군대를 철수시켰고, 제헌의회 소집과 자유주의적 내각 구성을 약속했다. 베를린 혁명의 주역은 학생과 수공업 노동자들이었다. 공장제 산업과 치열한 경쟁을 벌이던 수공업자들은 공장제와 자본주의적 경쟁을 제한하고 길드를 복원하고자 했다. 그들은 제후의 도움으로 이 목표를 성취하고자 했으나 그 가능성이 사라지자 중간 계급 자유주의자들과 제휴했다. 그러나 그 제휴는 오래갈 수 없었다. 부르주아들은 온건한 정치적 개혁만을 추구했고 그들이 보기에 길드의 복원은 시대착오적인 것이었다.

혁명과 함께 독일 통일의 과업이 시작되었다. 독일에서는 이미 18세기 후반에 낭만주의의 선구자 헤르더(Johann Gottfried von Herder, 1744~1803)에 의해 문화적 민족주의 사상이 나타났다. 헤르더는 독일인들이 프랑스어를 사용하고 프랑스 문화를 모방하는 것을 비판하고 독일인들에게 독일어에 대한 자긍심을 가지라고 요구했다. 그에 따르면 각 민족의 특성, 곧 관습과 신념은 그 민족에 고유한 역사적 경험의 산물이고, 그 민족의 특성은 그 민족의 언어로 가장 명확하게 표현되는 것이었다. 따라서 보편적인 가치를 설정하여 그것을 잣대로 민족 간의 우열이나 진보와 후진성을 측정하는 것은 어리석은 일이었다. 이러한 헤르더의 사상은 나폴레옹 제국 군대의 침입과 점령이라는 상황에서 같은 언어를 사용하는 통일된 주권 국가 수립이라는 강력한 민족주의적 호소로 발전했다. 그러나 빈 회의 결과 독일은 서른여덟 개 국가로 이루어진 느슨한 연방이 되었다. 이 연방에서는 오스트리아가 주도권을 획득하고 독일의 약소국가들을 지배했다.

이런 상황에서 일어난 1848년 혁명의 물결은 독일인들에게 자유주의적 개혁뿐 아니라 통일을 성취할 절호의 기회가 되었다. 1848년 5월 18일 보통 선거로 선출된 독일의 각 연방 대표들이 프랑크푸르트의 성 바울 대성당에 모였다. 프랑크푸르트 국민의회에 모인 830명의 의원들은 대부분 법률가, 관리, 교수, 교사, 의사, 성직자, 사업가였다. 프랑크푸르트 국민의회에서는 오스트리아를 중심으로 합스부르크 제국 전체를 통합하여 대독일을 건설하려는 입장과 오스트리아를 제외하고 프로이센을 중심으로 독일을 통일하려는 입장이 대립했다. 오랜 논의 끝에 국민의회는 후자, 즉 '소(小)독일주의'를 채택했다. 이어 국민의회는 1849년 3월 자유주의적 헌법을 제정하고 프로이센의 국왕 프리드리히 빌헬름 4세를 독일 황제로 선출했다.

그러나 이때는 이미 빈과 프라하에서 혁명 세력이 진압되고 반혁명이 강화되기 시작한 후였다. 군대가 베를린에 다시 진주했고 프로이센의 군대는 다른 연방 제후들을 지원했다. 부르주아지는 수공업자와 노동자들의 폭력적 개입을 두려워했고 그들과 연대하여 혁명을 수호하는 데 주저했다. 노동자, 농민 역시 자유주의적 의회와 정부를 구하기 위한 투쟁에 소극적이었다. 이러한 상황에 힘을 얻은 프리드리히 빌헬름 4세는 아래로부터 주어진 제위를 '돼지의 관'이라 하여 거부했다. 여러 달에 걸친 국민의회의 수고는 수포로 돌아갔고 대중적 기반을 갖지 못한 국민의회는 무기력하게 해산할 수밖에 없었다. 독일의 1848년 혁명은 실패했다. 독일은 통일을 이루지도, 자유주의적 개혁을 토대로 헌정을 수립하지도 못했다. 이후 독일인들은 자유주의에 적대적인 보수적이고 권위주의적인 프로이센에 의한 통일을 지지하게 된다.

오스트리아는 합스부르크 제국 전역에서 저항에 직면했다. 빈에서는 3월 12일 학생과 노동자가 봉기하여 헌법 제정, 검열 완화, 경찰력 규제를 요구했다. 시위가 확산되고 폭력 사태가 발생하자 오스트리아 정부는 메테르니히를 해임하고 개혁을 약속했다. 7월에는 제헌의회가 소집되었고 곧 개혁안을 마련했다.

보헤미아의 프라하에서는 1848년 6월 체코 민족주의자들이 범(汎)슬라브 회의를 소집해 슬라브인들의 단결을 촉구했다. 그러나 시위 도중 오스트리아의 프라하 주둔군 사령관 빈디슈그레츠의 부인이 살해되는 사건이 발생했고 오스트리아 군은 이를 빌미로 프라하를 포격하여 슬라브 회의를 해산했다.

헝가리에서는 3월 급진적인 마자르 민족주의 지도자 코슈트(Lajos Kossuth, 1802~1894)를 중심으로 혁명이 일어났다. 마자르 인들은 헝가리의 독자적인 헌법, 군대와 재정의 자치권을 요구하고 보통 선거, 종교와 언론의 자유, 농노제의 폐지, 귀족과 교회의 특권 폐지 등 자유주의적 개혁을 실시했다. 그러나 마자르 인들은 헝가리 내 다른 소수 민족들에게도 마자르 어를 공용어로 사용할 것을 강요했다. 소수 민족들 사이에 불만이 나타났고 제국 정부는 루마니아 인, 크로아티아 인의 반(反)헝가리 감정을 부추겨 마자르 인들을 공격하게 했다. 이에 분격한 빈의 혁명 세력은 10월 마자르 인들에 대한 지지를 선언하고 오스트리아가 민주 공화국임을 선언했다. 빈디슈그레츠가 지휘하는 보헤미아의 오스트리아 군이 빈을 공격하여 점령했고 자유주의 정부는 굴복했다. 마자르 인들은 항전을 계속하여 1849년 4월 헝가리가 독립 공화국임을 선언했다. 그러자 이러한 사태가 폴란드에 미칠 영향을 염려한 러시아가 오스트리아에 지원을 제의했다. 이를 받아들인 오스트리아 군은 그해 8월 헝가리 공화국을 분쇄했다.

한편 여전히 여러 군소 국가들로 분열되어 있던 이탈리아에서도 혁명이 일어났다. 먼저 부르봉 왕조가 다스리던 남부의 나폴리 왕국에서 혁명이 발발하여 자유주의적 헌법이 제정되었다. 오스트리아가 직접 지배하고 있던 밀라노와 베네치아에서는 메테르니히의 실각 소식이 전해진 후 민중이 봉기했다. 오스트리아 군대는 봉기를 진압하려 했으나 실패했고 3월 21일 베네치아에서, 22일에는 밀라노에서 철수했다. 이어 북부의 사르데냐 왕국은 시민적 자유와 의회제 정부를 수용한 후 오스트리아를 축출하려는 민족주의 투쟁의 중심이 되었다. 나폴리와 로마가 사르데냐를 지원하자 이탈리아에서는 민족주의와 자유주의가 승리하는 듯했다. 그러나 사르데냐의 급속한 세력 확장을 염려한 로마가 중립을 선언하고 나폴리가 지원을 철회한 후 사르데냐 군은 1848년 7월 오스트리아 군에게 격퇴되었다. 그러나 그해 11월 다시 로마에서 혁명이 일어나 이상주의적 공화주의자 주세페 마치니(Giuseppe Mazzini, 1805~1872)를 수반으로 하는 로마 공화국이 수립되었다. 로마 공화국 급진파의 압력으로 사르데냐는 1849년 3월 다시 오스트리아에 도전하였다. 그러나 오스트리아 군은 사르데냐 군을 격파하고 8월에는 베네치아를 점령했다. 로마 공화국은 그에 앞서 프랑스 군에 의해 붕괴되었고 교황 비오 9세(Pius IX, 1792~1878, 재위 1846~1878)가 복귀했다. 이때의 프랑스는 오스트리아에 맞서 원조를 제공했던 1848년 3월 임시 정부의 프랑스가 아니라 새로운 대통령 루이 보나파르트(Charles Louis Napoléon Bonaparte, 1808~1873, 대통령 재임 1848~1852, 황제(나폴레옹 3세) 재위 1852~1870)를 수반으로 하는 보수화한 프랑스였다. 이로써 이탈리아에서 혁명은 실패했고 이탈리아는 여전히 분열 상태에 놓인 채 북부는 계속 오스트리아의 지배를 받게 되었다.

1848년 혁명 초기에 오스트리아와 독일 연방의 지배자들은 군중의 집결과 강렬한 개혁의 요구에 놀라 무력 사용을 주저했다. 그에 따라 혁명은 신속히 확산되었다. 그러나 혁명 세력은 곧 중간 계급과 노동자 대중 사이의 분열로 약화되었다. 중간 계급은 정치적 목표를 달성하기 위해 수공업자, 노동자들과 연대하기도 했으나 곧 그들의 급진성에 겁을 먹고 타협적 자세로 돌아섰다. 예를 들어 1848년 9월 18일 프랑크푸르트에서 수천 명에 이르는 수공업자의 시위가 일어나 보수적인 의원 두 명이 피살되었다. 이 사건은 유럽 전역의 중간 계급을 두려움에 빠뜨렸던 파리의 6월 봉기를 상기시켰다. 겁에 질린 프랑크푸르트 의회는 보수로 돌아섰고 법과 질서를 회복하기 위해 군주들의 군대에 의지하게 되었다. 이탈리아의 경우 밀라노와 베네치아의 혁명 지도부는 토지 분배와 부채 탕감이라는 농민의 오랜 염원을 받아들이지 않았다. 그러므로 혁명 세력은 민중의 광범위한 지지를 끌어낼 수 없었다. 그런가 하면 민족 간 연대 결여, 나아가 경쟁과 갈등 역시 혁명 실패의 원인이었다. 1848년 5월 합스부르크 제국 내의 체코 민족주의자들이 프랑크푸르트 의회 참여를 거부하고 자치권을 주장하자 독일의 자유주의자들은 체코 민족주의를 비난하고 보헤미아가 역사적으로 독일 영토라고 주장했다. 그에 따라 그해 6월 오스트리아 군이 프라하를 포격하여 체코 인의 반란을 분쇄했을 때 독일 자유주의자들은 이를 묵인하고 지지했다. 또 합스부르크 제국 내 여러 민족 간 갈등과 이탈리아 내부의 경쟁은 오스트리아에 대한 저항을 약화시켰다. 때로 다른 민족에 대한 적대감은 반동적 지배자에 대한 적대감을 앞질렀다. 자유주의적 개혁과 자유롭고 평등한 국민의 수립이라는 민족주의의 이상이 온전히 결합되기 어려웠던 것이다.

영국에서는 왜 혁명이 일어나지 않았을까?

19세기 전반 영국에서는 혁명이 일어나지 않았다. 그러나 영국 역시 사회와 경제의 급격한 변화를 경험했고 그에 대응하여 여러 개혁을 단행했다. 영국에서는 나폴레옹 전쟁 후 도래한 불경기로 실업자가 늘고 노동자들의 상태가 극도로 비참해졌다. 게다가 선거권 확대를 요구하는 급진주의가 확산되었고, 이에 대한 정부의 탄압은 1819년 피털루 학살로 이어졌다. 8월 16일 맨체스터의 성 피터 광장(St. Peter's Fields)에 모인 시위대가 정치 개혁을 요구하자 군인들이 총격을 가하여 11명이 사망하고 400여 명이 다쳤다. 영국의 급진주의자들은 이 사건을 국내판 워털루라는 의미에서 '피털루'라고 불렀다. 그러나 1820년대 후반 의회 내 보수파인 토리(Tory 또는 Tories)[8] 안에서 자유주의자들이 주도권을 잡으면서 개혁을 실시하기 시작했다. 이들은 사형제 적용 범위를 축소하고, 비국교도인 신교도에게 관직을 허용하고, 가톨릭교도 해방령을 통해 가톨릭교도들에게도 시민적 자유와 권리를 부여했다.

1830년대 들어 개혁의 움직임은 더욱 활발해졌다. 이 시기 가장 중요한 정치적 문제는 선거구 조정과 선거권 확대였다. 영국의 의회는 여전히 지주층에 의해 지배되었고, 지주들 외에 소수의 자유직업인, 대상인, 금융업자들로 구성되어 있었

---

8) 17세기 말부터 19세기 중반까지 휘그(Whigs)와 함께 영국의 정치와 의회를 지배한 정치 집단. 토리는 주로 지주층으로 왕권과 국교회를 지지하고 전통 정치 질서 수호를 주장한 반면 휘그는 지주 외에 상업과 산업 계층을 포함하고 군주의 권위에 대립하는 의회의 권위를 강조하는 한편 비국교도에 대한 관용을 지지했다. 양자는 1830년대에 각각 보수당, 자유당으로 발전했다.

다. 게다가 유권자 수는 성인 남녀의 5퍼센트에 불과했다. 이는 산업 혁명의 진행에 따른 신흥 자본가의 대두와 노동자의 급속한 증가라는 현실을 전혀 반영하지 못하는 것이었다. 또한 산업화에 따른 사회와 경제의 변화는 선거구 조정을 불가피하게 만들었다. 예를 들어 1831년에 인구 300만을 좀 넘는 남부 농업 지대의 10개 주(州)가 의회에서 236석을 차지하고 있던 반면, 400만이 넘는 북부 산업 지대의 6개 주의 의석 수는 68석에 불과했다. 게다가 인구 이동으로 50명도 안 되는 유권자가 2인의 의원을 선출하는 선거구가 있는가 하면, 맨체스터나 리버풀 같은 신흥 공업 도시는 독립된 선거구를 구성하지 못했다. 유권자 수가 적은 선거구는 대개 유력한 지주 가문이 대표자를 결정하는 이른바 '부패 선거구'였다.

1830년에 집권한 휘그(Whigs)는 선거법을 개정하여 이러한 문제들을 개혁하고자 했다. 그에 따라 1832년의 개정 선거법은 143개의 의석을 재분배하고 선거권을 확대했다. 재분배된 의석의 대부분은 남부 농업 지대에서 북부 산업 지대로 이동했고, 이는 산업 중간 계급의 정치적 힘을 증대시켰다. 선거권 자격 기준이 완화됨으로서 선거권도 확대되었다. 도시의 경우 연간 집세 10파운드 상당의 주택을 임대 혹은 소유한 모든 성인 남자가 투표할 수 있게 되었다. 그에 따라 성인 남녀

중 선거권자의 비율은 선거법 개정 전 5퍼센트에서 개정 후 7퍼센트로 증가했다. 결국 중간 계급에게는 선거권이 부여되었으나 대부분의 노동자들은 여전히 선거권을 얻지 못했다. 개정 선거법은 분명히 귀족의 권력 독점에 마침표를 찍었지만 국민의 대다수에게는 정치 참여의 길이 막혀 있었다.

중간 계급의 이익을 옹호하는 자유주의적 개혁의 성격을 극명하게 드러내 보인 것은 신(新)구빈법의 제정이었다. 1598년 엘리자베스 1세 시대에 제정된 구빈법은 각 교구가 공공 취로 사업, 구빈원 시설, 배급제 등을 통해 자기 구역의 빈민들을 부양하게 한 법이었다. 이에 반해 1834년 개정된 구빈법은 배급을 중단하고, 스스로를 부양할 수 없는 사람들을 구빈원에 감금하게 했다. 구빈원의 여건은 매우 열악해서 빈민들은 구빈원에 들어가지 않기 위해 아무리 보수가 낮고 험한 일자리라도 감수하고자 했고 그것이 신구빈법이 의도한 바였다. 빈민들은 구제에 의지하지 말고 근면과 절약의 미덕을 익혀 자립해야 한다는 것이 신구빈법 제정자들의 신념이었다. 이러한 신구빈법은 빈곤이 개인의 결함이지 제도상의 문제가 아니며 자본주의는 진정으로 원하는 사람에게 일자리를 제공할 수 있다는 자유주의 이론의 산물이었다. 그러나 1840년대의 경제 불황은 이 이론이 허위임을 입증했고 곧 배급제가 되살아나고 세금 부담이 증가했다.

중간 계급의 정치적 힘을 웅변한 또 다른 자유주의적 개혁은 곡물법 폐지였다. 곡물법은 외국 곡물 수입을 제한하는 것으로서 지주와 부농의 이익을 옹호하는 법이었다. 곡물법으로 국내의 곡물 가격은 높은 수준으로 유지되었고, 이에 따라 고용주들은 노동자들이 비싼 곡가를 감당할 수 있도록 높은 임금을 지불해야 했다. 자유주의자들이 보기에 곡물법은 전통적인 계급인 토지 귀족의 부당한 특권을 상징하는 것이었고 또한 자유 무역 원리를 위반한 것이었다. 따라서 리처드 콥던(Richard Cobden, 1804~1865)과 존 브라이트(John Bright, 1811~1889)가 랭커셔의 제조업자들을 중심으로 결성한 '반곡물법 동맹'은 산업 자본가들의 열렬한 지지를 얻었다. 반곡물법 동맹은 곡물법 철폐의 필요성을 토리 출신 수상 로버트 필에(Robert Peal, 1788~1850)게 납득시켰고 결국 필은 토리 내부의 완강한 반대를 무릅쓰고 1846년 곡물법 폐지 법안을 관철시켰다.

이러한 자유주의적 개혁 입법 외에도 몇 가지 인도주의적 입법이 이루어졌다. 1833년 노예 폐지법이 통과되었고, 같은 해 공장법이 제정되어 방직 공장에서 9세 이하 아동을 채용하는 것이 금지되었으며 18세 이하 청소년의 노동 시간도 제한되었다. 또 1842년의 광산법은 부녀자와 10세 이하의 아동 노동을 금지했다.

영국은 이와 같은 자유주의적 입법과 인도주의적 입법으로 혁명을 모면하는 것으로 보였다. 그러나 1848년은 영국인들에게도 혁명이 임박해 보인 해였다. 1848년은 노동자들의 정치적 민주주의 운동인 차티즘 운동이 마지막으로 전개된 해였던 것이다. 차티즘 운동은 무엇보다 노동자들의 연이은 좌절과 분노의 산물이었다. 의회의 개혁을 위해 중간 계급과 함께 싸웠던 노동자들은 자신들을 정치 활동에서 배제한 1832년의 선거법 개정으로 중간 계급과 정치 투쟁에 대한 실망과 환멸을 맛보았다. 1834년 로버트 오언(Robert Owen, 1771~1858)이 결성한 전국 노동조합 대연합은 고용주들의 방해로 무너지고 노조 운동은 무력화되었다. 로버트 오언은 자신이 운영한 스코틀랜드의 뉴라나크(New Lanark) 방적 공장에서 노동 시간 단축과 노동 조건 개선 등 여러 개혁 조치로 명성을 얻은 후 자급자족적 농촌 공동체인 '협동조합촌'의 건설을 주장한 영국의 초기 사회주의자였다. 또한 같은 해에 나온 신구빈법은 노동자들이 보기에 중간 계급이 빈민 구제비용을 경감시키기 위해 고안한 것에 불과했다. 그에 따라 노동자들은 직접 정치권력에 참여하는 것이 중요함을 깨닫고 다시 정치 투쟁의 영역으로 돌아오게 되었다.

1838년 런던 노동자 협회가 '인민헌장(People's Charter)'을 공표하고 청원 운동을 벌이면서 영국의 차티즘 운동이 시작되었다. 인민헌장은 성년 남자 보통 선거, 매년 의회 선거, 비밀 투표, 의원 피선거권에 대한 재산 자격 폐지, 의원에 대한 세비 지급, 인구 비례에 의한 균등한 선거구 설정 등 6개 조항을 담고 있었다. 많은 노동자들이 서명, 대중 집회, 야간 횃불 시위 등을 통해 청원 운동에 참여했다. 청원서는 1839년과 1842년 수백만 명의 서명과 함께 하원에 제출되었으나 각각 235대 46, 287대 49로 부결되었다. 두 번 모두 청원서 제출 이후의 운동 방식에 대해 도덕적 힘에 의한 설득을 계속할 것인가, 물리력을 행사할 것인가를 둘러싸고 지도부의 분열이 나타났고, 지도자들의 체포 및 투옥으로 운동은 흐지부지되었다. 정부는 기회가 있을 때마다 집회와 시위를 가차 없이 탄압하고, 지도자들을 대거 체포하여 중형으로 처벌했다. 1848년의 청원 운동은 대규모 참여 인원과 특히 대륙에서 발생한 혁명의 열풍으로 인해 전보다 더 위협적으로 보였다. 두려움을 느낀 정부는 청원서 제출 당일 런던 중심부 곳곳에 군대를 배치하고 시위 군중이 의회에 접근하지 못하게 했다. 청원서는 다시 부결되었고, 시위대는 평화적으로 해산했다. 혁명에 대한 두려움은 과장된 것이었음이 드러났다. 이를 통해 정부의 자유주의적·인도주의적 입법과 가차 없는 탄압이 혁명의 방파제가 되었다고 추정할 수 있다.

4

러시아의 구체제,
무엇이 문제였을까?

- 19세기 후반 '대개혁'은 어떤 결과를 낳았을까?

- 러시아의 산업화는 어떻게 진행되었을까?

- 러시아의 혁명가들은 누구이고 무엇을 주장했을까?

19세기 후반 '대개혁'은 어떤 결과를 낳았을까?

19세기 러시아는 정치적으로나 사회·경제적으로나 다른 유럽 국가들에 비해 매우 후진적이었다. 영국과 프랑스 등 서유럽에서 의회제가 발달하고 있던 데 비해 러시아는 20세기 초까지 여전히 차르 1인의 지배를 받는 전제정 국가였다. 사회적으로는 19세기 중엽까지 농노와 특권층이 존재하는 신분제 사회였으며, 자본주의의 발달은 크게 지체되어 있었다. 귀족은 대지주였지만 '부재지주(不在地主)'로서 농노로부터 가능한 한 많은 것을 착취하려고만 할 뿐 농촌 사회와 농업의 발전, 농민의 생활에는 관심이 없었다. 무엇보다 러시아에는 서유럽에서 14세기에 거의 사라진 농노제가 여전히 남아 있었고 상공업 발달이 지체되어 부르주아, 즉 강력한 시민 계급이 귀족의 경쟁 집단으로 성장할 수 없었다. 따라서 러시아에서는 다른 유럽 국가들과 같은 시민 혁명이나 시민들의 압력에 의한 개혁을 기대할 수 없었다.

이러한 러시아에서도 1860년대에 이른바 '대개혁'이 이루어졌지만, 곧바로 그에 반동하는 물결이 나타나 1905년 혁명 이전까지 러시아는 정치적 후진성에서 벗어날 수 없었다. 개혁의 필요성이 제기된 것은 크림 전쟁(1853~1856)의 패배가 가져온 충격 때문이었다. 흑해와 크림 반도를 무대로 러시아가 서유럽의 열강인 영국과 프랑스, 그리고 오스만 제국 연합군과 맞서 싸운 이 전쟁에서 러시아는 국가 전체의 경제적·기술적 후진성을 드러냈다. 러시아의 무기와 장비는 매우 낡은데다 비효율적이었고, 수송 능력 역시 영국과 프랑스에 비해 크게 뒤져 있었다. 게다가 농노 출신 병사의 형편없는 건강 상태와 국가의 승리에 대한 냉담한 태도는 농노제의 문제와 위험성을 여실히 보여 주었다. 그에 따라 1855년에 즉위한 차르 알렉산드르 2세(Alexandr II, 1818~1881, 재위 1855~1881)는 농노를 해방하고 지방 자치를 허용하고 사법 제도를 개혁하는 등 '대개혁'을 단행했다.

먼저 차르는 1861년 농노 해방령을 공포했다. 농노 해방령은 러시아 전체 인구 7300만 명 중 약 2200만 명에 이르던 농노를 해방하고, 해방된 농민에게 토지를 분배했다. 그러나 농민은 토지를 잃은 귀족에게 보상해 주도록 국가에 토지 대금을 납부해야 했고, 이는 농민에게 커다란 부담이 되었다. 또 농사 활동에 필수적인 목초지, 방목지, 가축의 이동을 위한 통로는 분배된 토지에 포함되지 않았으므로 농민은 이 토지를 지주로부터 빌리고 높은 사용료를 지불하거나 지주의 토지를 경작해 주어야 했다. 따라서 농민은 해방되기 전과 마찬가지로 귀족에게 노동력을 바치는 셈이었다. 게다가 토지는 촌락 공동체 단위로 분배되고, 그 안에서 다시 농가별로 식구 수에 따라 분배되었다. 식구 수가 많을수록 많은 토지를 부여받는 셈이었으므로 농민들은 일찍 결혼하고 많은 자녀를 낳으려 했다. 게다가 농노 해방령은 공동체를 떠날 경우 토지를 가질 수 없게 하여 농민을 농촌에 붙들어 두었다. 이러한 조치들은 농촌의 인구 과잉을 유발하여 농업 생산성이 별로 향상되지 않은 상태에서 1인당 토지 소유 규모를 감소시키고, 농민을 더욱 곤궁하게 만들었다. 나아가 도시에서는 산업화에 필요한 안정적인 노동력을 확보하기 어려웠다.

　이어 차르 정부는 일종의 지방 의회인 젬스트보(Zemstvo)를 설치했다. 군(郡)과 도(道) 단위에 설치된 젬스트보는 농민의 교육, 보건, 구제를 담당하고 지방의 농업과 상공업의 진흥,

도로와 교량의 정비와 유지를 관할했다. 많은 토지를 소유한 귀족들이 군 젬스트보 의석의 42퍼센트, 도 젬스트보 의석의 74퍼센트를 차지하였지만, 러시아 사회로서는 그러한 제도도 민주주의를 향한 커다란 일보라 할 수 있었다. 또 정부는 사법 제도를 개혁하여 사법 절차를 공개화·합리화하고, 변호사와 배심원 제도를 도입했다. 군 복무 제도 역시 개혁되어 하층 계급에게만 부과되던 병역 의무가 모든 러시아 인들에게 확대되었다. 군대 내 체벌이 금지되었고 병사들에 대한 초등 교육이 실시되었다.

그러나 정부는 곧 이러한 개혁이 신민들 사이에 교육의 기회를 확대하고 토론의 장을 마련함으로써 정부에 대한 도전을 초래할 것을 우려하게 되었다. 예를 들어 개혁이 시작된 1860년대에는 농민이나 대학의 소요가 빈발했고 일부 귀족은 제헌의회의 소집을 요구했다. 1866년에는 한 대학생이 황제 암살을 시도했다가 미수에 그치는 사건도 발생했다. 애초에 귀족과 관료 대부분은 개혁에 반대했다. 무엇보다 '대개혁'은 크림 전쟁으로 드러난 국가 파산 상태에 대한 차르와 일부 측근의 대응이었을 뿐 차르는 더 이상의 장기적이고 체계적인 개혁을 구상하지 않았다. 결국 정부는 1875년 이후 개혁을 중지하고 탄압의 길로 들어섰다. 1875년부터 젬스트보에서 정치 문제를 토론할 수 없게 되었고 학교와 언론에 대한 통제와 검열이 강화되었다. 당연히 탄압은 정부에 대한 불만을 격화시켰고 이 불만은 황제와 정부에 대한 저항의 움직임으로 발전했다. 결국 1881년 알렉산드르 2세는 차르를 제거해야 개혁이 가능하다고 믿는 인민주의 단체에 의해 암살당했다.

러시아의 산업화는 어떻게 진행되었을까?

1881년에 즉위한 알렉산드르 3세(Alexandr III, 1845~1894, 재위 1881~1894)는 부친보다 더 보수적인 인물이었다. 그는 서유럽의 합리주의와 개인주의가 러시아를 무정부와 범죄 상태에 빠뜨릴 것이라고 믿고 서유럽에서 이식되었다고 생각되는 제도들을 배격했다. 그는 언론에 대한 규제와 비밀경찰의 권한을 강화하고 대학의 자치를 폐지하는 한편, 지방 의회의 권한을 박탈하여 국가가 선택한 부유한 귀족들이 촌락 공동체를 다스리게 함으로써 귀족의 권한을 강화했다.

이러한 반개혁 조치들에도 불구하고 알렉산드르 3세 집권 시기, 특히 비테(Sergei Yulievich Witte, 1849~1915)가 재무 대신으로 있던 1890년대에 산업화가 본격적으로 진행되었다.

러시아에서는 산업 부르주아의 수가 적고 강력하지 못했던 만큼 산업화는 국가 주도로 이루어졌다. 차르 정부는 농민들로부터 거둬들인 조세, 토지 대금, 농산물 수출 대금을 산업화에 충당했다. 또 수입품에 대해 고율의 보호 관세를 부과하고, 외국에서 거액의 차관을 유치했다. 농노 해방령으로 해방된 농민들은 토지 대금을 납부하기 위해 현금이 필요했고, 농한기에 도시로 몰려들었다. 이들이 제공하는 값싼 노동력 역시 산업화의 주된 여건이었다. 유럽의 기술이 도입되고 금융 기관들이 설립되었으며 철도와 전신망이 구축되었다. 19세기 말 러시아에는 모스크바 공업 지역, 상트페테르부르크 공업 지역, 폴란드 지역, 우크라이나 지역, 우랄 지역, 바쿠 지역, 카프카즈 산맥 남부 지역 등 8개의 공업 지역이 조성되었다. 이런 상황에 힘입어 러시아는 1890년대에는 연평균 8퍼센트, 1905년과 1914년 사이에는 6퍼센트씩 성장했다. 또한 1880년에서 1913년에 이르기까지 수출은 7배, 수입은 5배로 증가했으며, 1913년 공업 총생산량은 세계 5위에 이르러 있었다.

산업화의 진전과 더불어 노동자 계급이 대두했다. 러시아의 산업 노동자 수는 1900년에 200만, 1914년에는 300만(전체 인구 1억 7000만) 정도였으므로 수적으로는 많지 않았지만, 수도인 상트페테르부르크를 비롯한 몇몇 대도시와 공업 중심지에 밀집해 있어서 그들의 움직임은 중앙 정치 무대와 산업 전체에 영향을 미칠 수 있었다. 노동자 중 많은 수는 농촌 출신으로 토지 대금을 마련하기 위해 일정 기간 도시에서 일하고 농촌으로 돌아갔다. 이들은 매우 낮은 임금을 감수하며 하루 평균 12~14시간, 심한 경우 15~16시간씩 일했다. 작업 환경은 매우 위험하고 비위생적이었으며 노동자들은 관리자들의 비인격적 대우에 시달렸다. 이들은 대부분 농촌 공동체의 전통, 즉 공동체 장로의 선출, 공동 협의와 결의, 연대보증, 공동체를 통한 이해관계의 대변에 익숙했다. 따라서 이들 사이에는 조직적인 집단생활과 상부상조의 규칙이 효력을 가질 수 있었고, 그것을 토대로 아주 소규모의 노동자 조직이 형성되기도 했다.

이러한 상황에서 이미 1870년대 후반부터 대도시들에서 파업이 발생하기 시작했고, 1890년대에는 더욱 빈번해졌다. 노동자들은 노동 시간 단축, 임금 인상, 작업 환경 개선을 요구하였으나 1890년대부터 지식인 출신 혁명가들의 선전·선동 활동에 영향을 받기 시작하면서 전제정의 타도를 목표로 하는 정치 투쟁의 길로 들어서게 되었다.

러시아의 혁명가들은 누구이고 무엇을 주장했을까?

농민들은 여전히 빈곤과 문맹 상태였고, 재산을 소유하고 교육을 받은 시민 계층은 극소수였던 러시아에서 현실에 대한 비판 세력으로 등장한 것은 지식인, 즉 인텔리겐치아(Intelligentsia)였다. 인텔리겐치아는 주로 귀족, 관리, 시민 계층 출신으로서 18세기 말과 19세기 초 서유럽과 비교해 러시아 사회의 후진성을 절감하면서 강렬한 비판 의식을 갖게 되었다. 특히 이들은 19세기 후반 알렉산드르 2세의 개혁이 실질적인 효과를 거두지 못하고 전제정이 강화되자 더욱 급진적이 되었고, 스스로 혁명 운동을 실천하기 위해 나서게 되었다.

먼저 농노 해방을 전후하여 러시아 혁명 세력의 이념적 토대로 등장한 것은 러시아 고유의 사회주의 사상인 인민주의였다. 인민주의자들은 사회주의 혁명을 통해 러시아 체제를 타도해야 한다고 믿었다. 그러나 그들은 동시에 러시아의 역사는 유럽의 다른 나라들과는 다르며 따라서 나름의 방식으로 발전해야 한다고 주장했다. 인민주의자들에 따르면 러시아는 유럽의 다른 나라들과는 달리 자본주의의 발전을 경험하지 않고 봉건제 사회에서 사회주의 사회로 바로 이행해야 하고, 또 그럴 수 있었다. 러시아 인민주의자들은 유럽 자본주의 사회의 노동자들이 겪는 비인간적 착취와 정치적 권리의 제한을 목격하고 러시아는 그러한 과정을 겪지 말아야 한다고 믿었다. 다른 한편으로는 러시아 특유의 농촌 공동체인 '미르(Mir)' 또는 '옵쉬취나(Obshchina)'가 사회주의의 원칙과 일치하고 따라서 사회주의 사회의 토대가 될 수 있다고 보았다. 즉 이 농촌 공동체가 소농민의 평등한 토지 소유를 보장해 주어 자본주의 사회의 병폐인 무산 계급의 발생을 막을 수 있다고 생각했다. 다른 한편 농촌 공동체는 농민이 자신의 문제를 민주적으로 결정하는 자치 기관으로서 인민의 직접 민주주의 기관으로 기능할 수 있었다. 따라서 러시아에 자본주의를 도입하는 것은 역사적 진보가 아니라 후퇴였다. 또한 인민주의자들은 농민의 혁명적 잠재력을 신뢰했다. 그들이 보기에 농민은 타고난 사회주의자였고 훌륭한 지도자만 있으면 그 지도 아래 실제 혁명 세력이 될 수 있었다.

사회주의의 실현 방법에 대해서는 인민주의자들 사이에 의견이 갈렸다. 대표적 인민주의자인 라브로프(Peter Lavrov, 1823~1900)와 그의 추종자들은 점진적으로 혁명을 이루어야 한다고 확신했다. 즉 혁명은 단순히 개인의 의지나 집단의 산물이 아니라 일련의 복잡한 역사적 진보의 산물이므로 혁명에 앞서 대중을 교육하고 선전 활동을 펴야 한다는 것이었다. 반면 바쿠닌(Mikhail Bakunin, 1814~1876)은 평화로운 방식으로는 혁명을 이룰 수 없고 스텐카 라친(Stenka Razin, 1630~1671, 1670~1671년에 일어난 농민 봉기의 지도자)이나 푸가초프(Pugachov, 1742~1775, 1773~1775년에 일어난 농민 봉기의 지도자)의 후예인 러시아 농민은 이미 혁명을 일으킬 힘을 가지고 있다고 주장했다. 바쿠닌의 사상은 스위스에 유학 중이던 러시아 유학생들에게 큰 영향을 미쳤다. 라브로프의 추종자들은 1869년부터 학생과 공장 노동자들에게 사회주의를 선전하고 1873년에는 농민들에게 초점을 맞추었다. 바쿠닌 파 역시 농민과 지식인들 사이에서 선전 활동을 폈다.

인민주의 운동은 1873년과 1874년에 절정에 달했다. 1873년 러시아 정부는 스위스에서 유학 중이던 러시아 학생들에게 귀국을 명령했다. 귀국한 학생들은 국내의 인민주의자들과 함께 '브나로드(v narod, 인민 속으로)' 운동을 전개했다. 그들은 농촌으로 가서 교사, 작가, 의사, 수의사, 간호사, 또는 가게 주인이 되어 농민과 함께 일하면서 혁명적 계획을 세워 나갔다. 그러나 농민들은 인민주의자들의 기대에 부응하지 않았다. 농민들은 토지 부족이나 지주들에 대한 예속에 불만을 품기는 했지만 여전히 차르를 숭배했다. 농민들은 혁명을 선전하고 선동하는 인민주의자들을 지지하기는커녕 불신했고, 심지어 당국에 고발했다. 1874년까지 인민주의자 1500명이 체포되었다.

농민들에게 실망한 인민주의자들은 이제 자신들이 직접 싸워 전제정을 타도해야 한다고 생각했다. 그에 따라 1876년 혁명적 음모와 테러를 활동 목표로 하는 '토지와 자유'가 결성되었고, 곧 점진주의와 선전 활동을 강조하는 '흑토 재분배'와 정부에 대한 테러 공세를 주장하는 '인민의 의지'로 분열되었다. '인민의 의지'는 러시아는 고도로 중앙 집권화된 국가이므로 암살을 통해 정권에 치명적인 타격을 입히고 대중들에게 정치 교육을 실시할 수 있다고 믿었다. '인민의 의지'는 '황제 사냥'이라고 불린 몇 차례의 시도 끝에 1881년 3월 1일 알렉산드르 2세를 암살하는 데 성공했다. 그러나 뒤를 이어 즉위한 알렉산드르 3세는 전제적 통치를 지속하기로 결심하고 언론 규제, 대학 자치 폐지, 귀족의 지위 강화 등 반개혁 조치를 단행했다.

이러한 상황에서 인텔리겐치아 사이에서는 인민주의에 대한 회의가 나타났고 곧 마르크스주의에 대한 관심이 고조되었다. 마르크스주의는 플레하노프(Georgii Plekhanov, 1856~1918)를 포함한 지식인들에게 의해 러시아에 소개되어

1880년대와 특히 1890년대에 영향력을 갖게 되었다. 플레하노프는 본래 인민주의자였으나 러시아 농민들의 정치적 능력에 불신을 갖게 되면서 마르크스주의로 전향했다. 플레하노프는 혁명의 사회적 기반은 농민이 아니라 프롤레타리아, 즉 노동자 계급이라고 생각했다. 그러나 그는 일단 러시아가 프랑스 혁명과 같은 시민 혁명을 거쳐 서유럽과 같은 부르주아 민주주의를 수립하고 자본주의 경제를 발전시켜야 한다고 보았다. 서유럽의 정치 체제는 여전히 재산 소유자에게 유리하다는 한계를 갖고는 있으나 정당과 의회제는 정치 투쟁을 위한 무대를 제공할 수 있었다. 그런가 하면 자본주의는 노동자에게 가혹한 체제임에 분명하지만 미래의 사회주의를 위한 물질적 토대를 마련해 줄 수 있었다. 따라서 플레하노프가 보기에 서유럽의 자본주의와 부르주아 민주주의는 노동자 계급의 의식을 각성하고 단련시키는 학교가 될 수 있었다. 그런 만큼 사회주의 혁명은 먼 미래의 과제였고 사회주의자들은 부르주아 자유주의자들의 혁명을 위해 힘을 합쳐야 했다.

　러시아 마르크스주의자들은 1898년 '러시아 사회민주노동당'을 결성했다. 이 당은 1903년 당의 성격과 조직을 둘러싸고 두 파로 분열되었다. 마르토프(L. Martov, 1873~1923)는 적극적으로 활동하지 않는다 해도 당의 목표에 찬동하는 모든 사람에게 문을 개방하여 대중 정당 체제를 만들 것을 주장했다. 그러한 당은 서유럽 사회주의 정당처럼 느슨한 민주적 조직을 지녀야 했다. 그러나 레닌(Vladimir ll'ich Lenin, 1870~1924)은 이에 반대했다. 레닌은 당은 권력 탈취를 위해 철저히 훈련된 직업적 혁명가들의 조직이어야 한다고 주장했다. 당원은 노동자 계급을 확고하게 지도할 전위 집단이며, 따라서 당에 절대적으로 헌신하고 강력한 기율을 감수해야 했다. 이후 레닌은 당 조직뿐 아니라 혁명 전략 및 전술에서도 마르토프, 플레하노프와 대립하게 되고 후자와 그 지지자들은 소수파라는 의미의 멘셰비키(Mensheviki), 레닌과 그 지지자들은 다수파라는 의미의 볼셰비키(Bolsheviki)로 불리게 된다. 이러한 명칭은 1903년 '불꽃'이라는 의미의 사회민주노동당 기관지였던 《이스크라(Iskra)》의 편집위원회 선거에서 레닌의 지지자들이 다수표를 획득했던 데 기인한다. 그러나 이후 레닌파가 소수파가 되었을 때도 이 명칭들이 계속 사용되었다. 다른 한편 알렉산드르 2세의 암살 이후 극심한 탄압을 겪은 인민주의자들은 1901년 대열을 정비해 '사회혁명당'을 창설했다. 사회혁명당은 여전히 농민과 농업 문제에 주력하여 토지의 재분배, 소농 경제의 강화를 주장하였고, 테러 활동을 주요 전술로 고집했다.

5

볼셰비키는 어떻게
권력을 쟁취했을까?

- 1905년 혁명은 왜 일어났을까?

- 차르 정부의 개혁은 왜 실패했을까?

- 2월 혁명은 왜 새로운 혁명으로 이어졌을까?

- 레닌은 어떻게 10월 혁명을 조직했을까?

1905년 혁명은 왜 일어났을까?

19세기 말, 20세기 초에 들어 러시아 사회는 더욱 큰 위기에 빠졌다. 1891년과 1892년의 대기근은 150~200만 명의 목숨을 앗아 갔고, 느리고 부적절한 정부의 대처는 정부의 무능을 백일하에 드러냈다. 기근에 대응하는 과정에서 젬스트보의 중요성이 재확인되자 젬스트보 활동을 통해 성장한 귀족이나 중간 계급 엘리트층을 중심으로 자유주의적 개혁에 대한 요구가 높아졌다. 20세기 초에 들어서는 교사와 의사 단체, 그 밖의 전문가 단체들이 개혁을 요구했다. 대의제 의회와 시민의 자유가 이들 요구의 핵심이었다. 그러나 테러 활동역시 격화되어 1905년 초까지 두 명의 내무 대신과 군사령관을 포함한 수많은 관리들이 암살당했다. 게다가 1904년 시작된 일본과의 전쟁에서 러시아 군대가 여러 차례 패배를 거듭하여 정부에 대한 불신과 개혁에 대한 요구는 더욱 거세졌다.

1905년 1월 3일 상트페테르부르크의 한 공장에서 시작된 파업은 사회 불안을 반영하여 시 전역으로 파급되었다. 1월 9일 노동자와 그 가족들을 주축으로 한 15만 명의 민중이 청원서와 차르 니콜라이 2세(Nikola II, 1868~1918, 재위 1894~1917)의 초상을 들고 차르의 거처인 겨울 궁전으로 행진했다. 청원서 서두에서 노동자들은 다음과 같이 차르에게 호소했다.

"상트페테르부르크 시의 노동자이며 다양한 사회 계층의 주민인 우리와 우리 아내, 아이들, 힘없는 늙은 부모들은 정의와 보호를 구하기 위해 폐하께 왔습니다. 고용주들은 우리를 억압하고 과다한 일을 시키고 모욕하고 동물로 취급하고 가혹한 운명을 말없이 감내해야 하는 노예로 여깁니다. 압제와 횡포가 목을 졸라 숨을 쉴 수 없을 지경입니다. 우리에게는 남은 힘이 없습니다. 우리는 인내의 한계에 도달했습니다. 참을 수 없는 고통을 계속하느니 차라리 죽음을 택할 끔찍한 순간에 우리는 와 있습니다."

청원서는 노동조합 인정, 8시간 노동, 최저 임금제 등 노동

조건 개선을 위한 조치들 외에도 인신의 자유, 언론·출판·집회·양심의 자유, 정부가 재정을 지원하는 의무 교육 실시, 법 앞에서의 평등, 토지 대금 철폐, 전쟁의 종결 등 전반적인 개혁에 대한 요구를 담고 있었다. 민중들은 "자애로운 아버지" 차르에게 "공손히" 호소하기 위하여 평화롭게 행진했다. 그러나 겨울 궁전을 지키던 군대가 민중을 향해 발포했고, 200명이 사망했다. 차르는 이날 겨울 궁전에 없었지만, '피의 일요일(Bloody Sunday)'로 알려지게 된 이 사건으로 차르 정부에 대한 러시아 노동자들의 신뢰는 완전히 사라졌다.

곧 학살에 항의하는 노동자들의 시위와 파업의 물결이 나타났다. 노동자들은 청원서의 조항들을 더욱 강력히 요구했다. 뒤를 이어 농민들도 지주와 정부에 대한 투쟁에 나서 봉기를 일으켰다. 군대에서도 혁명적 기운이 확산되어 일련의 폭동이 일어났는데, 1905년 6월 오데사 항에 정박 중이던 포템킨 호 수병들의 반란이 대표적이었다. 저항은 점차 조직화되어 1905년 7월 농민들은 모스크바에서 '전 러시아 농민 동맹'을 조직했다. 농민들은 청원서의 요구를 되풀이하는 동시에 귀족의 토지를 농민에게 양도할 것을 주장했다. 한편 5월에는 젬스트보의 지도자들, 전문 직업인 조합, 자유주의적인 산업 노조 지도자들의 회합인 '동맹의 동맹'이 구성되었다.

'동맹의 동맹'은 민주적으로 선출되는 제헌의회를 요구했다.

노동자들의 파업은 1905년 10월 총파업으로 정점에 도달했다. 특히 상트페테르부르크 노동자들은 파업을 지도할 '노동자 대표 소비에트'를 조직했다. 노동자 대표 소비에트는 전국적으로 50여 개가 출현했고, 250만 명의 노동자를 대표하는 550명의 대의원을 갖게 되었다. 상트페테르부르크 소비에트는 대부분 사회민주노동당, 특히 멘셰비키로 구성되었다. 그들 중 탁월한 지도자로 두각을 나타낸 인물이 미래 볼셰비키 혁명의 주도자 중 하나가 되는 트로츠키(Leon Trotskii, 1879~1940)였다. 소비에트는 단순한 파업 위원회에 머물지 않고 혁명 투쟁의 중심 조직이 되었다. 그러나 소비에트는 차르 정부를 타도할 무장봉기 조직으로 나아갈 것인지 아니면 차르 정부에 압력을 가해 노동자들의 정치적·경제적 요구를 관철시키는 데 주력할 것인지 결정을 내리지 못했다.

이어지는 저항의 물결 속에서 차르는 결국 양보를 해야 했다. 차르는 10월 17일 '10월 선언'을 발표했다. 10월 선언은 언론, 출판, 집회 등 시민의 자유를 보장하고, 선거를 통해 입법권을 갖는 두마(Duma, 러시아 하원)를 소집하겠다고 약속했다. 10월 선언은 정부 반대 세력을 분열시켰다. 자유주의자들과 온건파는 러시아를 입헌 군주국으로 변화시키는 이 선언에 대체로 만족했다. 그러나 소비에트와 사회민주당은 10월 선언에 만족하지 않고 명실상부한 제헌의회를 요구했다. 10월 말 상트페테르부르크 소비에트는 다시 총파업을 결정했으나 상황은 몇 주 전과 같지 않았다. 정부는 소비에트의 해산령을 내리고 소비에트 대표들을 체포하기 시작했다. 12월 중순 사회민주당의 볼셰비키가 주도하는 노동자 봉기가 모스크바에서 발발했지만 가혹하게 진압되었다.

차르 정부의 개혁은 왜 실패했을까?

10월 선언에 따라 1906년 4월 제1차 두마가 소집되었다. 두마 소집 직전 발표된 기본법[9]에 따르면 차르는 여전히 행정, 군대, 외교 정책 등을 완전히 장악하고 두마의 연례 회의를 소집하고 해산할 수 있었다. 또 차르는 새로 소집될 두마의 선거 및 회의 시기를 정하고 두마의 입법에 대한 거부권을

---

9) 기본법은 실제 '헌법'에 해당하지만, 차르와 보수파는 '헌법' 대신 '기본법'이라는 용어를 사용했다. 입헌 군주정에서 헌법은 군주의 권력까지도 제한하는 것으로 민주주의적 함의를 갖는 것이었던 반면 러시아의 '기본법'은 차르를 여전히 일인 지배자(Autocrat)로 지칭하는 등, 차르와 보수파는 온전한 민주주의적 양보를 허용하지 않으려 했기 때문이었다.

행사할 수 있었으며, 비상시에는 법률적 효력을 갖는 명령을 내릴 수 있었다. 장관들과 행정부 전체는 두마가 아니라 차르에게만 책임을 졌으므로 두마는 행정부를 견제할 수 없었다. 또 두마는 군대와 관련된 예산권도 갖지 못했다. 이처럼 두마는 제한된 권한을 가졌을 뿐이지만, 어쨌든 거의 모든 러시아 성인 남자들이 참여하는 전국적인 선거를 통해 선출되었다.

1906년 소집된 1차 두마와 이듬해 소집된 2차 두마는 정부의 기대와는 달리 정부 반대 세력이 대다수를 차지했다. 1차 두마의 경우 총 497석 중 자유주의자들로 이루어진 입헌 민주당(Kadet) 대표들이 184석, 사회 민주당과 사회 혁명당을 포함한 여러 좌파 대표들이 124석이었다. 정부를 지지한 우파는 10월 선언을 전폭적으로 지지하는 이른바 '10월 당원'을 포함해 24석에 불과했다. 1차 두마에서 입헌 민주당 대표들은 기본법을 거부하고 두마가 프랑스 혁명기의 삼부회처럼 제헌 의회가 되어야 한다고 주장했다. 또한 황실과 교회 토지에 최대한도를 설정하여 그것을 초과하는 부분은 보상을 조건으로 분배해야 한다고 주장했다. 그러나 이러한 주장들은 결코 받아들여질 수 없었고, 두마는 40회 회기를 마치고 73일 만에 해산했다. 그러나 2차 두마에서 정치적 견해는 더욱 양극화하여 입헌 민주당과 좌파의 의석은 각각 99석과 216석으로 변화했다. 정부와 두마 사이에 적대감과 불신이 깊어지자 1907년 6월 니콜라이 2세와 수상 스톨리핀(Pyotr Stolypin, 1862~1912)은 두마를 해산했다. 정부는 서른한 명의 사회 민주당 소속 의원을 시베리아로 유형 보내는 한편 선거법을 개정했다. 개정 선거법에 의해 농민과 노동자들의 대표 선출권은 크게 축소되었고, 지주 귀족들의 대표권이 증가하여 지주 귀족 20만 명이 두마 의석의 50퍼센트를 선출하게 되었다. 결국 선거법 개정으로 정부는 고분고분한 두마를 맞이하게 되었다.

스톨리핀은 1907년 3차 두마의 동의를 얻어 농업 개혁에 착수했다. 이 개혁의 목적은 농촌 공동체 해체와 독립 자영 농 육성을 통한 경제적 진보와 사회적 안정 획득이었다. 스톨리핀은 농촌 공동체를 해체함으로써 농민의 계층 분화를 촉진하고, 부유한 자영농을 육성할 수 있다고 믿었다. 그에 따르면 농촌 공동체는 농업 기술 정체와 그에 따른 농민층 빈곤의 주범이자 빈곤으로 인한 혁명적 선동의 온상이었다. 농촌 공동체로부터 독립된 부유한 자영농은 질서와 평화를 지키는 체제의 보루가 될 것이므로 일부 능력 있는 농민들에게 그러한 가능성을 제공해야 한다는 것이 스톨리핀의 생각이었다. 그에 따라 스톨리핀은 토지 대금 상환을 폐지하고 농민 가족이 공동체를 떠나는 것을 허락하고 토지 소유를 고무하는 법들을 제정했다.

스톨리핀의 개혁이 실시된 첫 두 해 동안 농민의 15퍼센트가, 그리고 1914년까지는 25퍼센트가 농촌 공동체를 떠났고 10퍼센트가 독립적인 자영농이 되었다. 따라서 스톨리핀의 개혁은 의도한 바를 상당 부분 성취했다고 할 수 있다. 그러나 그 개혁이 장기적인 전망을 갖기에는 사실 기회가 충분치 않았다. 뒤이은 전쟁과 혁명이 모든 농민들에게 시련이 될 것이기 때문이었다.

1914년 여름 제1차 세계 대전이 발발하자 러시아는 연합군 측으로 참전했다. 정부는 전쟁이 국내의 위기와 혁명적 요구로부터 국민의 관심을 돌릴 수 있을 것으로 기대했다. 유럽 국가들은 강력한 러시아 군대가 독일을 격파하는 데 주도적 역할을 할 것으로 생각했다. 그러나 이러한 기대와 예상은 모두 참담한 오류임이 드러났다. 참전 초기의 애국적 열정은 가혹한 현실 앞에서 곧 증발해 버렸다. 전쟁 시작 6개월 만에 철도 수송 체계가 파괴되었고, 1915년에 벌써 러시아 군은 무기와 화약 부족을 겪었다. 전쟁 초기부터 동부 전선의 힘겨운 전투에서 엄청난 수의 병력을 상실한 러시아 군대는 1917년까지 1550만 명을 동원하여 그중 165만 명이 사망하고 385만 명이 부상을 당했으며 241만 명이 포로가 되었다. 후방에서

는 농산물 수송이 불가능했고, 모든 공장이 전시 체제로 전환
되어 공산품을 포함한 생필품이 부족했다.

　국가의 중대한 위기 상황에서도 황실은 어린 왕자의 혈우병
을 치료한 괴승 라스푸틴(Grigorii Efimovich Rasputin, 1871 추
정~1916)에게 좌우되고 있었다. 니콜라이 2세는 1915년 9월
패배를 거듭하던 중대한 시기에 몸소 군의 최고 지휘권을 떠
맡고, 황후에게 국정을 맡겼다. 무능하고 인기 없는 정부와
각료들은 라스푸틴의 영향력 하에 있었다. 국민들은 독일 출
신 황후와 라스푸틴이 적의 침입에 나라의 영토를 열어 주었
다고 믿었다. 러시아의 상황은 점점 극한으로 치닫고 있었던
것이다.

2월 혁명은 왜 새로운 혁명으로 이어졌을까?

　세계 여성의 날이었던 1917년 2월 23일, 상트페테르부르크
에서는 수천 명에 이르는 여성들이 식량 부족에 항의하여 거
리로 쏟아져 나왔다. 이미 여러 날 전부터 파업에 돌입했던
푸틸로프 군수 공장 노동자들과 비보르그 노동자 지구의 직
물 노동자들이 시위에 합류했다. 2월 24일에는 파업 중이던

15만여 명의 노동자들이 도심으로 몰려들었다. 이튿날이 되자 시위는 한결 더 정치적인 색채를 띠게 되었다. 군중들은 빵을 달라는 요구와 함께 "차르는 물러나라!"거나 "전쟁을 중단하라!"는 구호를 외쳤다. 결국 2월 26일 유혈 사태가 발생했다. 기병대와 도시 수비대가 도심으로 몰려들던 시위대에 발포하여 150명 이상이 사망했다. 그날 밤 일부 병사들과 장교들은 시민에게 총을 쏜 것에 커다란 자책감을 느끼고 반란에 가담하기로 결심했다. 이러한 움직임은 몇 시간 만에 상트페테르부르크에 소속된 대부분의 연대로 퍼져 나갔다. 2월 27일 시위는 혁명적 봉기로 변화하였다. 병사들과 노동자 시위대는 병기창을 습격하고 1만 정 가량의 총을 탈취하여 우체국과 역 그리고 전화국을 점령했다. 시위대는 차르 정권이 정치범을 가두는 데 사용했던 페트로파블로프스크 요새 감옥을 포함하여 여러 감옥들을 습격해 8만 명가량의 죄수들을 풀어주었다.

같은 날 오후 멘셰비키, 볼셰비키, 사회혁명당을 아우르는 혁명적 당파의 투사 50여 명이 두마의 의사당으로 사용되던 토리드 궁에 모여 '노동자 대표 소비에트 임시 집행 위원회'를 조직했다. 위원회는 노동자와 병사들에게 대표를 선출하도록 촉구했고, 그에 따라 이튿날 600명에 이르는 대표들이 모여 소비에트를 구성했다. 멘셰비키가 다수파였던 소비에트 지도부는 2월 혁명을 부르주아 혁명으로 규정하고 이 혁명을 거쳐 미래에 노동자와 농민의 사회주의 혁명이 도래하리라고 생각했다. 따라서 소비에트 지도부는 스스로 권력을 장악하려 하지 않았다.

다른 한편 차르의 해산 명령에 불복한 두마 의원들은 '질서 회복과 군대 통수권을 위한 임시 위원회'를 구성했다. 임시 위원회는 우선 질서를 회복하고 반란에 가담한 병사들을 군대로 돌려보내야 했다. 이를 위해 임시 위원회는 소비에트와 협상을 해야 했다. 3월 2일 양측은 합의에 도달했고, 소비에트는 임시 정부의 정당성을 인정했다. 젬스트보 연맹의 의장으로 온건한 자유주의자였던 르보프(Georgii L'vov, 1861~1925) 공이 임시 정부의 수반이 되었고, 외무 장관 밀류코프(Pavel Milyukov, 1859~1943)를 포함해 임시 정부의 각료들은 대부분 입헌 민주당의 자유주의자들로 이루어졌다. 소비에트의 대표 중에서는 유일하게 케렌스키(Aleksandr Kerenskii, 1881~1970)가 법무 장관이 되었다.

한편 군 수뇌부는 니콜라이 2세에게 황제 자리에서 물러날 것을 권했고 차르는 동생 미하일(Aleksandrovich Mikhail, 1878~1918) 대공에게 제위를 양위했다. 그러나 이 양위는 상트페테르부르크에서 거센 반대 물결을 일으켜 미하일 대공은 임시 정부의 설득에 따라 제위를 포기했다. 이로써 로마노프 왕조는 300년에 걸친 역사에 종지부를 찍었다. 니콜라이 2세와 그의 가족은 가택 연금에 처해졌다가 1918년 7월 30일 볼셰비키 중앙 위원회의 명령으로 처형되었다.

임시 정부는 자유주의적 개혁을 통한 서구식 의회 민주주의 확립을 목표로 했다. 임시 정부는 시민적 자유와 평등을 선언하며 젬스트보를 확대하는 한편, 소수 민족의 평등권과 자치권을 인정하고 8시간 노동제를 도입했다. 그러나 임시 정부는 선거로 구성된 국민의 대표가 아니었고 처음부터 소비에트에 비견할 만한 권위도 갖고 있지 않았다. 소비에트는 노동자와 병사 대표로 구성되었다는 정당성을 내세우며, 실제로도 막강한 권력을 가지고 있었다. 소비에트는 상트페테르부르크에서 우편과 철도 업무를 장악하고 극히 중요한 정보 전달 수단을 통제했다. 임시 정부는 소비에트의 지원 없이는 어떠한 일도 할 수 없었다. 그에 따라 2월 혁명 직후 상트페테르부르크에서는 임시 정부와 소비에트의 이중 권력이 성립되었다.

임시 정부가 지지를 얻을 수 있는 방법은 제헌의회를 소집하여 거기서 임시 정부 권력의 정당성을 인정받고 토지 개혁을 시행하는 것이었다. 그러나 케렌스키는 제헌의회 소집을 연기했다. 도시와 농촌에서 불만이 가라앉지 않았고 노동자와 농민은 급진화되었다. 1917년 3월부터 7월 사이에 100만 명 이상이 파업에 참여했다. 이전까지 전혀 조직화된 적이 없던 다양한 분야의 노동자들이 시위와 파업을 벌였다. 특히 노동자들은 곳곳에서 '공장위원회'를 조직하고 생산 활동을 직접 관리하고자 했다. 완고한 고용주들은 공장위원회의 요구를 거부하고 공장 폐쇄로 맞섰다. 농민들은 차르의 영지와 대지주의 토지를 국가가 몰수하여 재분배할 것을 요구했다. 농민들은 '식구 수대로' 토지를 할당받는 농업적 민주주의를 원했다. 농민들은 촌락 단위로 농민위원회를 조직했다. 2월 혁명 직후 농민들은 임시 정부와 소비에트를 신뢰했지만 점차 참을성을 잃기 시작했다. 농민위원회는 경작하지 않는 토지를 점유하고 대지주의 농기구와 가축을 몰수하였으며 정부로부터 소작료를 더 낮게 책정받았다. 이에 맞서 대지주들은 군대를 파견해 줄 것을 정부에 요구하곤 했다.

특히 노동자, 농민, 병사 들의 분노를 불러일으킨 것은 전쟁을 계속한다는 임시 정부의 결정이었다. 임시 정부는 연합군의 승리만이 러시아의 새로운 체제를 서구에 단단히 결속시키고 사회의 단합을 강화하여 혁명을 통제할 수 있게 해 주리라 믿었다. 3월 4일 외무 장관 밀류코프는 외교관들에게 보낸 공문에서 러시아가 끝까지 전쟁을 수행할 것이라는 확고한 태도를 천명했다. 밀류코프는 4월 18일에 다시 러시아는 연합군에게 한 약속을 모두 지킬 것이며 '종국적인 승리를 얻을 때까지' 싸울 것임을 재천명하는 문서를 연합군에 보냈다. 그러나 상황은 임시 정부의 뜻대로 진행되지 않았다. 1917년 3월부터 10월 사이에 200만의 병사가 전쟁에 지치고 배고픔에 시달린 끝에 탈영했다. 병사들은 어서 고향으로 돌아가 곧 있을지 모르는 토지 개혁에 참여해 토지를 분배받기만을 원했다. 특히 케렌스키의 결정으로 독일에 대한 전면적 공격을 감행하기 직전이었던 6월 중순의 일주일 동안 10만 명 이상이 탈영했다. 또 7월 2일 감행된 독일의 반격으로 러시아 군 40만 명이 사망하거나 부상을 입고 포로가 되었다. 전선은 200킬로미터 뒤로 후퇴했다. 이 마지막 공격에서의 실패는 임시 정부의 신용을 잃게 만드는 데 결정적인 역할을 했다.

전쟁의 계속 여부는 소비에트에게도 중요한 문제였다. 소비에트 지도부는 영토 합병과 전쟁 배상금 없이 이른 시일 안에 전쟁을 중단할 것을 주장했다. 그러나 동시에 소비에트는 독일 군의 공격과 내전의 위협이 있는 한 러시아와 혁명을 지키기 위해 전쟁을 계속할 것을 주장했다. 이 문제에서는 소비에트 지도부의 다수파인 멘셰비키뿐 아니라 볼셰비키 역시 같은 태도를 가지고 있었다.

레닌은 어떻게 10월 혁명을 조직했을까?

정치 지도자들의 압도적 다수의 견해에 맞서 상황을 변화시킨 것은 레닌이었다. 레닌은 망명지인 스위스에서 전쟁에 대한 소비에트의 모호한 태도를 비판했다. 소비에트의 존재는 이미 혁명이 부르주아적 단계를 넘어섰음을 의미하는 만큼 더 기다릴 필요 없이 소비에트가 정권을 쟁취하여 전쟁을 종식시켜야 한다고 주장했다. 전쟁 발발 초기, 대부분의 유럽 사회주의자들이 국제주의자에서 애국자로 변모하고 러시아 사회주의자들 역시 영토 방어를 위한 전쟁 수행을 지지하던 때에도 레닌은 조국의 방어라는 전쟁의 대의명분을 철저히 거부했다. 레닌에게 전쟁은 제국주의 전쟁에 불과했으며, 러시아는 필연적으로 패배하여 내전과 혁명으로 치닫게 될 것이었다.

레닌은 4월 3일, 16년간의 망명 생활에서 돌아와 그 유명한 '4월 테제'를 발표했다. 4월 테제에서 레닌은 첫째, 약탈적·제국주의적 전쟁을 즉각 중지해야 하고, 둘째, 임시 정부를 일체 지지하지 말고 전국적인 노동자·농업 노동자·농민 대표 소비에트 공화국 수립을 목표로 모든 권력을 소비에트로 집중해야 하고, 셋째, 모든 토지를 국유화하여 농업 노동자와 농민 대표 소비에트가 관리하게 하고, 사회적 생산물의 분배는 노동자 대표 소비에트가 통제해야 한다고 주장했다. 4월 테제는 산업 노동자, 병사, 농민의 요구를 결합시켜 호소력을 극대화한 것이었다. 레닌이 제시한 슬로건은 결국 "전쟁 중지!" "임시 정부 타도!" "모든 권력을 소비에트에게!"로 요약되었다. 레닌의 테제는 멘셰비키뿐 아니라 대다수 볼셰비키 지도자들도 예견하지 못한 것이었다. 그러나 볼셰비키의 일반 투사들은 전쟁 중지와 소비에트의 권력 장악 요구에 호의적이었다. 특히 밀류코프의 4월 18일 문서가 알려진 후 시위 군중들 사이에서는 레닌이 제시한 슬로건이 터져 나왔다.

밀류코프의 사임과 전쟁 중지를 요구하는 시위가 거세지자 임시 정부의 각료들이 사퇴했고, 소비에트는 임시 정부와의 연립 정부를 받아들였다. 그에 따라 멘셰비키와 사회 혁명당의 사회주의자 여섯 명이 장관이 되었다. 이들은 그동안의 정책을 바꿔 임시 정부에 참여하여 반혁명 세력뿐 아니라 레닌파로 대표되는 과격한 혁명 세력으로부터도 혁명을 구하고자 했다. 그러나 이들은 그렇게 함으로써 사회적 긴장이 격화되던 시기에 '빵, 토지, 평화'에 대한 요구를 볼셰비키에게 넘겨준 셈이 되었다. 볼셰비키는 노동조합과 소비에트에서 늘 소수였지만 레닌의 테제가 설득력을 발휘하면서 6월부터는 혁명적 상황의 주도권을 쥐게 되었다. 6월 3일 시작된 전 러시아 소비에트 1차 총회에서 볼셰비키는 770여 명의 대표 중 100여 명에 불과했다. 반면 사회 혁명당은 285명, 멘셰비키는 248명이었다. 그러나 볼셰비키는 총회가 '혁명 의회'가 되어 모든 권력을 장악해야 한다고 주장하며 어렵지 않게 주도권을 잡았다.

그러나 볼셰비키에게는 곧 시련이 닥쳐왔다. 6월 하순 정부는 상트페테르부르크 수비대의 일부를 전방으로 보내기로 결정했다. 수비대의 여러 연대들은 전방으로 떠나기를 거부하면서 정부가 고집을 부린다면 "정부를 쫓아내겠다."고 위협했다. 무장한 병사들과 노동자들은 7월 3일 위협을 행동에 옮기기 위해 대대적인 시위를 조직했다. 이튿날에는 크론슈타트의 해병대가 반란을 지원하기 위해 상륙했다. 소비에트뿐 아니라 레닌을 포함한 볼셰비키 지도부 역시 시위 군중 앞에서 명확한 결정을 내리지 못했다. 시위 군중은 정부군의 발포와 악천후로 인해 흩어졌다. 그날 밤 임시 정부는 계엄령을 선포하고 볼셰비키를 반란의 배후로 지목하여 정치 활동을 금지했다. 트로츠키는 체포되었고, 레닌은 국가 반역죄로 기소되어 핀란드로 도주했다.

한편 여름부터 러시아의 경제 상황은 더욱 악화일로였다. 수많은 기업이 문을 닫았고, 10월까지 50만 명의 노동자가 해고되었다. 7월과 10월 사이에 물가는 네 배나 뛰었고, 약 150만의 노동자가 파업에 참여했다. 노동자들은 노동자 생산 관리 조직인 공장위원회를 중심으로 경영진의 활동을 감시했고, 멘셰비키와 달리 노동자 생산 관리를 기꺼이 지지한 볼셰비키의 인기가 올라갔다. 농촌에서는 토지 문제 해결에 진척이 없자 농민들이 직접 행동에 나섰다. 농민들은 지대 납부를 거부하고 가축을 불법으로 방목하고 경작이 중단된 귀족의 토지를 차지했다. 일부 지역에서 농민들은 목초지와 목장을 차지하거나 심지어 귀족의 땅, 장비, 가축을 나눠 갖기도 했다.

7월의 반란이 무산된 후 케렌스키를 수반으로 하는 제2차 연립 내각이 조직되었다. 일곱 명의 멘셰비키와 사회 혁명당원이 내각에 참여했다. 소비에트가 온건해지자 기업가, 은행가, 지주 등을 포함한 보수적 세력 집단이 기력을 회복하는 것으로 보였다. 보수적인 신문들은 소비에트 해체와 볼셰비키 추방을 호소했다. 보수 세력은 러시아를 '무정부 상태'에서 구출하는 데 케렌스키보다는 새로 임명된 군 총사령관 코르닐로프 장군(Lavr Georgievich Kornilov, 1870~1918)이 더 적절하다고 생각했다. 8월 중순 국가 위기를 극복하고 사회 세력을 통합하겠다는 목표로 케렌스키가 소집한 국가협의회에서 코르닐로프는 모든 혁명위원회의 해체, 사회·경제 분야에서 국가 개입의 전면적 중단, 후방에서 사형 제도 부활 등을 요구하며 케렌스키와 대립했다. 결국 협상이 결렬되자 코르닐로프는 8월 26일 권력 이양을 요구하는 최후통첩을 케렌스키에게 띄운 후 군대와 함께 수도로 진군했다. 군사 독재자의 출현이라는 위험이 눈앞에 닥치자 케렌스키는 소비에트와, 심지어 볼셰비키에게 도움을 요청했다. 볼셰비키 지도자들은 다시 정치 무대에 화려하게 등장했고, 노동자와 병사들 사이에서 확고한 지도력을 발휘했다. 우체국, 전신국, 철도청의 노동자들이 코르닐로프의 군대가 전진하는 것을 저지했고 식자공들은 코르닐로프의 팸플릿 인쇄를 거부했다. 코르닐로프의 군대는 수도 인근에서 격퇴되어 코르닐로프는 체포되었다. 볼셰비키는 혁명을 살렸다는 후광과 함께 부활했다. 그 결과는 9월 소비에트 선거에서 분명하게 드러났다. 상트페테르부르크와 모스크바 외에도 약 쉰 개 도시의 소비에트에서 볼셰비키는 다수 의석을 차지했다. 특히 트로츠키는 상트페테르부르크 소비에트의 의장이 되었다.

이 시기를 포함해 1917년의 볼셰비키는 레닌이 저서『무엇을 할 것인가(*What Is to Be Done?*)』에서 주장했던 것과 같은 당, 즉 집중된 조직과 엄격한 규율을 토대로 하는 소수 직업 혁명가의 당이 아니었다. 2월과 10월 사이에 공장과 군대에서 신입 당원이 쇄도하여 오히려 공개적인 대중 정당에 가까웠다. 1만에 불과했을 2월에 비해 10월에는 당원 수가 상트페테르부르크와 모스크바, 그 주변 산업 지역들에서 모두 40만에 이르렀다. 게다가 당 내 심지어 지도부 내의 의견 불일치까지도 공개적으로 드러나 있었다. 정치적 · 계급적 양극화가 가속화한 2월에서 10월 사이, 볼셰비키의 가장 큰 힘은 자유주의자들이나 다른 사회주의자들과 달리 정부 구성, 전쟁, 토지, 노동자 관리 등의 문제에서 연립과 타협의 정치를 비난하고 일관되게 극좌를 견지한 당의 태도였다.

망명지 핀란드에 있던 레닌은 볼셰비키의 권력 장악을 위한 조건이 무르익었다고 생각했다. 볼셰비키 당 중앙 위원들이 소비에트 총회의 투표를 통하여 정권을 교체할 수 있다고 믿은 반면 레닌은 무장봉기를 통해 스스로 권력을 차지하기를 원했다. 비밀리에 러시아로 돌아온 레닌은 10월 10일 중앙 위원회를 소집하여 무장봉기안을 통과시켰다. 레닌의 오랜 동료인 카메네프(Lev Borisovich Kamenev, 1883~1936)와 지노비예프(Grigory Yevseyevich Zinovyev, 1883~1936)는 봉기가 분쇄될 가능성이 높다는 이유로 반대했지만 소용없었다. 두 사람은 봉기에 대한 반대 의사를 신문에 발표하여 볼셰비키의 봉기 계획을 공개하기까지 했다. 10월 16일 트로츠키는 형식적으로는 소비에트에 속하지만 실상은 볼셰비키로 이루어진 군사 조직인 '혁명군사위원회'를 조직했다. 봉기가 구체적으로 조직되기 시작한 셈이었다. 볼셰비키의 봉기 준비는 공공연한 것이 되었으나 임시 정부는 속수무책이었다. 10월 24일 저녁 혁명군사위원회는 주요 기관들을 접수하기 시작했다. 혁명군사위원회는 붉은 근위대로 알려진 노동자 무장단의 지원을 받아 어려움 없이 다리, 우체국, 전화국, 은행, 기차역 같은 건물을 점령하며 수도의 전략적 중심지를 손에 넣었다. 이튿날 아침 레닌은 "임시 정부는 폐기되었으며, 정부의 권력은 상트페테르부르크 노동자와 병사 대표 소비에트 조직인 혁명군사위원회의 손에 이양되었다."고 선언했다. 또한 그는 즉각적이고 민주적인 평화의 제시, 토지 소유제의 폐지, 노동자의 생산 관리, 소비에트 정부 건립이라는 민중의 투쟁 목표가 달성되었다고 선언했다. 25일 늦은 저녁 임시 정부 각료들이 모여 있던 겨울 궁전이 함락되자 케렌스키는 궁전을 빠져

나가 도시를 탈출했다. 그날 저녁 제2차 전 러시아 소비에트 대회에서는 멘셰비키와 사회 혁명당이 봉기에 항의하여 퇴장한 가운데 마침내 소비에트 공화국이 선포되었고, 새로운 혁명 정부로서 레닌을 의장으로 하는 인민 위원회(노동자·농민의 임시 정부)가 구성되기에 이르렀다.

더 읽어 볼 책

- 알베르 소불, 최갑수 옮김, 『**프랑스대혁명사**』(두레, 1984)
- 조르주 르페브르, 민석홍 옮김, 『**1789년의 대공포**』(까치, 2002)
- 장 마생, 양희영 옮김, 『**로베스피에르, 혁명의 탄생**』(교양인, 2005)
- 자크 고드쇼, 양희영 옮김, 『**반혁명**』(아카넷, 2012)
- 에릭 홉스봄, 강명세 옮김, 『**1780년 이후의 민족과 민족주의**』(창작과비평사, 1998)
- 볼프강 J. 몸젠, 최호근 옮김, 『**원치 않은 혁명, 1848 : 1839년부터 1849년 까지 유럽의 혁명 운동**』(푸른역사, 2006)
- 죠르주 뒤보, 김인중 옮김, 『**1848년 프랑스 2월 혁명**』(탐구당, 1993)
- E. H. 카, 이지원 옮김, 『**볼셰비키 혁명사**』(화다, 1985)
- 존 리드, 서찬석 옮김, 『**세계를 뒤흔든 열흘**』(책갈피, 2005)
- 니콜라 베르트, 변지현 옮김, 『**러시아 혁명 : 무엇을 할 것인가**』(시공사, 1998)
- 데이비드 파커 외, 박윤덕 옮김, 『**혁명의 탄생, 근대 유럽을 만든 좌우익 혁명들**』(교양인, 2009)

민음 지식의 정원 서양사편 009

근대
혁명은 왜 일어났을까?

1판 1쇄 펴냄 2013년 9월 27일
1판 3쇄 펴냄 2021년 12월 22일

지은이 | 양희영
발행인 | 박근섭
책임편집 | 강성봉
펴낸곳 | ㈜민음인

출판등록 | 2009. 10. 8 (제2009-000273호)
주소 | 135-887 서울 강남구 신사동 506 강남출판문화센터 5층
전화 | 영업부 515-2000 편집부 3446-8774 팩시밀리 515-2007
홈페이지 | www.minumin.minumsa.com

ⓒ 양희영, 2013. Printed in Seoul, Korea

ISBN 978-89-6017-338-5 04900
       978-89-94210-50-6 (세트)

㈜민음인은 민음사 출판 그룹의 자회사입니다.